Smuaintean Ailein

Smuaintean Ailein

Ailean T. MacLeòid

A' Chòmhdhail Cheilteach (Gàidhealtachd)

Air fhoillseachadh ann an 2004 leis
A' Chòmhdhail Cheilteach (Gàidhealtachd)

Air a chlò-bhualadh le
Lewis Recordings, Ceasag a Tuath,
Inbhir Nis

ISBN 0-9532964-1-5

Chuidich Comhairle nan Leabhraichean am foillsichear
le cosgaisean an leabhair seo.

Do Mhàiri agus an teaghlach

TAING

Tha A' Chòmhdhail Cheilteach (Gàidhealtachd) gu mòr an comain na leanas, agus a' toirt taing dhaibh airson an taice:

BBC Alba: Craoladh nan Gàidheal, airson cead na h-earrainnean craolaidh a chur an clò;

Càirdean Ailein, airson na dealbhan a thoirt seachad gus am foillseachadh;

An "Scotsman", airson cead na dealbhan aig Dòmhnall MacLeòid fhoillseachadh as ùr;

Lewis Recordings, airson an leabhar a dhealbhadh agus a chlò-bhualadh;

Na buidhnean a leanas, a chuidich leis na cosgaisean foillseachaidh :-

Comunn na Gàidhlig

An Comunn Gàidhealach:
Meur Inbhir Nis

Urras Brosnachaidh na Gàidhlig

Comunn Uibhist agus Bharraidh
(Glaschu)

Comunn Sgitheanach Ghlaschu

The Highland Fund

Comhairle nan Leabhraichean

Ailean na oileanach òg

RO-RÀDH

An uair a thugadh m'an aire le Buidheann na Gaidhealtachd dhen Chòmhdhail Cheiltich na smuaintean aig Ailean MacLeòid nach maireann a chur ann an clò, chaidh a shuidheachadh cuideachd gum bitheadh an leabhar air a dheasachadh le triùir againn anns a' bhuidhinn – Murchadh Caimbeul, Ceiteag NicGhriogair agus Murchadh MacLeòid. Cha robh sinn ach air beagan dhen ullachadh a dhèanamh agus sùil againn ris an obair a thoirt gu ìre adhartaich, an uair a fhuaireas a' bhuille chràiteach a thàinig oirnne agus air coimhearsnachd nan Gàidheal air fad le bàs Mhurchaidh Chaimbeil air a' chiad latha dhen Òg-mhìos 2002.

Chuir seo bacadh car greise air deasachadh an leabhair, ach dh'fhaoidte gun do chuir e an tuilleadh spionnaidh annainn cuideachd gus an obair a chrìochnachadh, mar chuimhneachan air an dithis chòir a chaill sinn agus a bha cho mùirneach aig a chèile fad iomadh bliadhna.

Ann a bhith a' deasachadh iomradh air Ailean nach ann a lorg sinn – le turchartas, mas e sin a bh' ann – iomradh a sgrìobhadh le Murchadh Caimbeul fhèin agus a nochd ann am fear dhe na pàipearan-naidheachd Gàidhealach aig àm bàs Ailein. Saoilidh sinn gu robh e iomchaidh gu leòr an t-iomradh a leanas a bhonntachadh gu mòr air na briathran a chleachd Murchadh ann a bhith a' dèanamh luaidh air a dhlùth charaid. Nach fìrinneach gu dearbh a ràdh mun dithis aca: "Air dhaibh a bhith marbh tha iad fhathast a' labhairt ruinn"?

'S ann à Uibhist-a-Deas a bha Ailean Dhòmhnaill a' Mhuilich agus bha e iomraiteach na dhreuchd mar oifigeach-fearainn feadh na Gàidhealtachd 's nan Eilean, an toiseach ann an Roinn an Àiteachais 's an Iasgaich aig Oifis na h-Alba agus an sin aig Coimisean nan Croitearan. Rugadh e ann an Togh-Mòr, anns a' Ghearran 1925, agus chaochail e ann an Inbhir Nis anns an Lùnasdal 1995. Le a bhàs chaill sinn fìor Uibhisteach, sàr Ghaidheal, agus duine math. Ged a bha a dhachaigh air tìr-mòr fad iomadh bliadhna, cha do lùghdaich sin a spèis do eilean a bhreith, no do gach eilean eile, gu deireadh a latha.

Bha Ailean agus a chèile, Màiri NicRuairidh – Màiri a' Ghobha a Beinn a' Bhadhla – còrr is dà fhichead bliadhna pòsda. Mar chàraid bha iad a dh'aon inntinn agus bha Màiri na fìor chùl-taic do dh'Ailean anns gach iomadh dleasdanas a ghabh e os làimh. Nan dachaigh bha daonnan blàths, coibhneas agus fialaidheachd Ghàidhealach. Is lìonmhor càirdean agus eòlaich a dh'fhiosraich agus a mheal a' chagailt chòir aca.

Aig aois dusan bliadhna thog Ailean air don Àrd-sgoil ann am Port Ruighe, agus mar a thachair do dh'iomadh balach math eile, chuir e seachad còig bliadhna ann an "Taigh Aoidheachd nan Gillean" air Cnoc a' Chonaisg anns a' bhaile sin. Bha na bliadhnaichean sin, ann an comunn ghillean eile a Uibhist, as na Hearadh agus as an Eilean Sgitheanach, air an comharrachadh le iomadh toileachas agus riarachadh. Is iomadh seanchas gasda a bh' aige mu spòrs agus fealla-dhà am measg a cho-aoisean. Bha dlùth dhàimh aige ri Eilean a' Cheò air taobh athar, agus air taobh a mhàthar bha mòran chàirdean aige ann an Uibhist-a-Tuath.

An dèidh cùrsa a leantainn agus teisteanas a chosnadh aig àrd ìre ann an Colaisd an Àiteachais ann an Glaschu thill Ailean air ais a dh'Uibhist, far an robh e greis a' cuideachadh leis a' ghniomhachas charbadan a bha aig an teaghlach air a' Chàrnan. Bha e cuideachd ag obair aig an àm seo mar bhàillidh aig an oighreachd. An uair a thill e gu tìr-mòr, 's ann mar oifigeach aig Roinn an Àiteachais 's an Iasgaich, mun do ghabh e àrd dhreuchd aig Coimisean nan Croitearan. Thug Ailean agus Màiri greis ann an Cataibh agus ann an Inbhir Nis – iad fhèin 's an teaghlach, Dòmhnall agus Fiona – mun do ghluais iad gu Sealtainn, far an do chuir iad seachad bliadhnaichean inntinneach, toilichte. Chòrd na h-eileanan mu thuath gu mòr riutha uile agus bha na Sealtainnich air leth measail orrasan.

Ged a chaidh Ailean a ghluasad air ais a dh' Inbhir Nis, far an robh e stèidhichte tuilleadh, agus an dachaigh 's an teaghlach anns a' bhaile mhòr, bha an obair ga thoirt air feadh na Gàidhealtachd agus nan Eilean. Is iomadh cuairt fhada a ghabh e – bu shuarach aige uaireannan fada air an rathad, ris a h-uile seòrsa sìde. B' ainneamh a leithid air cùl cuibhle. Bha tlachd agus ùidh shònraichte agus dhùrachdach aige anns an t-sluagh air an robh e a' tadhal, agus tuigse chothromach ghlic air a' ghniomhachas as an

10

robh iadsan a' toirt am beòshlainte. Fhuair e foghlam agus eòlas-leabhraichean anns a' Cholaisde ach dh'ionnsaich e mòran sgilean agus mòran ealantais bho chroitearan Uibhist, measg an d' fhuair e àrach. Chuidich deagh eanchainn e gus grèim làidir a dhèanamh na òige air gach seòrsa eòlais co-cheangailte ri cùisean eacanomaigeach. Le a chuid saothrach rè nam bliadhnaichean fhuair iomadh croitear buannachd nach bu bheag bho earail agus bho bhrosnachadh Ailein, agus thug e sin seachad le tuigse, le gliocas agus le foighidinn.

Fad a bheatha bha làn ùidh agus tlachd aig Ailean nar cànain, nar litreachas agus nar dualchas. Bhruidhneadh e a' Ghàidhlig le blas, le eirmseachd agus le fileantachd. Bha a bhriathran agus a ghnàthasan-cainnte brìoghmhor, siùbhlach, mar a shealbhaich e na phàisde.

Thog Ailean fianais an uair nach robh e ach gu math òg, agus bha e na èildear ann an Eaglais na h-Alba 's gun e mòran seachad air an deich bliadhna fichead. Bha e dùrachdach, dealasach anns gach dleasdanas agus seirbheis co-cheangailte ri coithional, clèir agus Àrd-sheanadh, agus bhitheadh e gu tric a' dol an ceann adhraidh, mar shear-monaiche. Fad iomadh bliadhna cuideachd bhitheadh e gu cunbhalach a' craoladh anns an t-sreath "Smuain na Maidne", a tha gu làitheil fhathast a' dol a-mach air Radio nan Gàidheal. 'S e cruinneachadh dhe na h-òraidean beaga laghach aig Ailean a tha sinn a-nis a' cur an clò; agus tha sinn fo chomain gu mòr do Mhàiri airson na sgrìobhaidhean aige a chur nar tairgse, agus airson co-fharpais seinn nan salm a stèidheachadh ann an clàr a' Mhòid Nàiseanta Rìoghail mar chuimhneachan air.

Bha alt iongantach aig ar caraid air dlùth cheangal a dhèanamh eadar na cùisean saoghalta anns an robh ùidh cho mòr aige fhèin agus an teachdaireachd spioradail a bha e air a ghluasad gus a chur fa chomhair a luchd-èisdeachd. Tha teisteanas soilleir, follaiseach againn anns na h-òraidean aige air cho sìmplidh agus cho làidir, daingeann 's a bha a chreideamh – b' e seo gu dearbh prìomh stèidh agus stiùir a bheatha.

Ceiteag NicGhriogair
Murchadh MacLeòid

Clàr-innse

14

1. "An Dia a bh'ann o shìorraidheachd bhith fàs na chìochran truagh"

Tha cuimhn' agam air cèileadairean a bhith a-staigh againn agus iad a' bruidhinn air càr a rinn an t-astar eadar Loch Baghasdail agus an Càrnan, fichead mìle, ann an uair gu leth; ach mus robh an oidhche seachad bha an ùine air tuiteam gu uair fhèin. Thubhairt aon duine gu robh an càr cho luath ri beithir. Bha astar gun chiall air.

Ma thèid sinn air ais an eachdraidh, saoil sibh dè an ùine thug Iòsaph agus Moire air a' cheithir fichead mìle no mar sin a choiseachd no a mharcachd eadar Nàsaret agus Betlèhem? Dh'fhàg iad Nàsaret ann an àm, ach thug iad barrachd ùine air an rathad thaobh gu robh Moire, mar tha Lùcas ag innse, mòr-thorrach (Lùcas 2,5).

Nach e suidheachadh truagh cràidhteach anns an robh am boireannach bochd? Dè an t-iongnadh ged a bha iad fada gun ruighinn agus a h-uile àite a bhith làn romhpa? 'S dòcha gu faighneachdadh sinne an-diugh: "Ach carson a dh'fhalbh iad?" Chan e sin saoghal a bh' ann, chionn bha Israel aig an àm fo Ìompaireachd na Ròimhe agus chaidh "òrdugh a-mach o Chèasar Augustus an domhain uile a mheas" (Lùcas 2,1); agus dh' fheumadh iadsan a dhol gu baile Dhaibhidh oir 's ann de shliochd Dhaibhidh a bha Iòsaph. Cha robh leisgeul no diùltadh ri bhith ann.

Tha Pòl a' bruidhinn air seo na litir gu Tìtus (caibideil 3): "Cuir an cuimhne dhaibh a bhith umhail do uachdaranachdan agus do chumhachdan freagarrach do luchd-riaghailt", tha e ag ràdh. 'S e sin a dh'fhàg Iòsaph agus Moire a' gabhail fasgadh ann an stàball, agus rugadh "a ciad-ghin mic agus phaisg i e ann am brat-spèilidh agus chuir i na laighe ann am prasaich e" (Lùcas 2,7).

Chan eil cunntas gu robh othail no gàirdeachas sam bith san stàball. Bha a h-uile ceum cho socair, rèidh, rianail, a rèir fàidheadaireachd nam fàidhean o shean - gun cuireadh Dia Israeil E Fhèin an cèill agus gu nochdadh E a ghràdh ann a bhith a' cur a Mhic a dh'ionnsaigh an t-saoghail gu bhith na eadar-mheadhanair eadar an cinne-daonna agus E Fhèin. Ach mo thruaighe! Cha do dh'aithnich sliochd

Dhaibhidh gu robh gealladh Dhè ga choilionadh nan sealladh 's nan cuideachd. Tha Eòin sa chiad chaibideil ag ràdh: "Thàinig E a dh' ionnsaigh a dhùthcha fèin agus cha do ghabh a mhuinntir fèin ris."

Chan urrainn nach bi smaointean aig gach aon againn aig àm na Nollaige, ach ciamar a bha iad cho dall? Cuideachd, saoil ciamar a bhithinn-sa nam bithinn air a bhith ann? 'S cinnteach gum bi e a' cur dragh oirnn a bhith cho tric cho mì-shuimeil, a' gabhail Criosdaidhean oirnn fhìn, agus na rudan a bhitheas sinn a' smaointinn agus a' dèanamh. Nach tig sinn mar a thàinig na buachaillean gun tiodhlac ach iad fhèin, làn aoibhneis agus molaidh do Dhia? No mar na daoine glice le tiodhlacan prìseil agus, mar a bha iadsan, gun atharraicheadh ar beachdan na làthair, a' tionndadh gu bhith umhail dha. Cha do dh'fhalbh na daoine glice mar a thàinig iad, nam beachdan no air an aon rathad.

Pàrantan Ailein

Tha cumhachd an dorchadais an iomadh dreach an-diugh. An àm Chriosd bha e an cumadh Hèaroid, ach a dh'aindeoin sin dh'aidich mòran dhaoine Criosd. Ma dh'iarras sinne Criosd an-diugh an irioslachd spiorad na h-ùrnaigh gheibh sinn E, mar tha sa cheathramh rann de Laoidh XXXVII:

> An naoidhean nèamhaidh gheibh sibh 'n sin
> Follais do rosgaibh dhaoin'
> 'S E paisgt' an trusgan an-uasal
> 'S na luidh am prasaich fhaoin.

2. Solas na Nollaig ... fìor gun teagamh

Bho chionn bhliadhnaichean air ais thàinig nighean òg a Sealtainn gu taigh-eiridinn an Inbhir Nis airson sgrùdadh a dhèanamh air an tinneas a bha oirre. Thàinig i fo chùram banaltraim. Bha càirdean aig a' bhanaltraim sa bhaile agus chaidh i a choimhead orra. San t-seanchas thairg iad a toirt dhan bhaile air an oidhche 's gu faiceadh i na solais laiste, oir 's e àm na Nollaig a bh' ann.

Thuirt i nam faigheadh i cead gum bu toigh leatha an nighean a thoirt còmhla rithe. Seo mar a bha. Fhuair i cead agus thugadh sios air feadh a' bhaile iad - sios ri taobh na h-aibhne agus sios is suas am meadhan a' bhaile. Faisg air deireadh na cuairt thionndaidh an nighean ris a' bhanaltraim agus an guth iosal socair dh'fhaighneachd i: "Bheil na solais fìor? Bheil iad ann gun teagamh?"

Bha na solais nam mòr iongnadh dhan nighinn agus thàinig stad an cainnt na banaltraim. Bha rachd na h-amhaich mus d' fhuair i freagairt: "Tha."

Aig toiseach an t-saoghail chruthaich Dia an solas air a' cheathramh latha agus bhon uair sin tha iomadh cunntas againn air solas agus air soillseachadh, agus ciall àraid aig gach aon. An leabhar Ecsodais (14,20) tha e air innse mar a shoillsich "meall neòil" san oidhche do Chloinn Israeil agus iad aig toiseach na slighe o bhraighdeanas na h-Èiphit gu Tìr a' Gheallaidh.

Aig toiseach Soisgeul Eòin (1,4) tha na briathran: "Ann-san bha beatha agus b' i a' bheatha solas dhaoine agus tha an solas a' soillseachadh san dorchadas." Chan urrainn nach do thog na briathran sin aire dhaoine. Dè bha iad a' ciallachadh? Agus cha do chuidich e leotha an uair thubhairt Eòin an uair sin: "agus cha do ghabh an dorchadas ris." Thug Eòin air daoine smaointinn air an dòigh beatha. Bha e a' bualadh air an cogais.

Saoil sibh nach robh, nan inntinn, ceangal eadar briathran Eòin agus an solas a las suas slèibhtean Bhetlèheim? Chreid iad na buachaillean agus mar a thug an rionnag mhòr shoilleir san iarmailt iad gu Betlèhem agus chun na prasaich. Bha an solas fìor, bha e ann gun teagamh, agus bha iomradh air fad is farsaing. Chuala Hèarod mu dheidhinn agus chuir e dragh air - nach e sin a thug air na daoine glice chur a rannsachadh na naidheachd agus dè bu chiall dhi?

Tha fios againn uile glè mhath air an naidheachd agus dè thachair. A bharrachd air sin tha dearbhadh bho Chriosd fhèin air an t-solas agus air dè bu chiall dha. San ochdamh caibideil de Shoisgeul Eòin, an dàrna rann deug, tha Criosd ag ràdh: "Is mise solas an t-saoghail, an tì a leanas mise cha siubhail e an dorchadas ach bidh solas na beatha aige."

'S e Dia an solas a thug Clann Israeil a braighdeanas na h-Èiphit, 's e Dia an solas a thug na buachaillean 's na daoine glice chun na prasaich, agus 's e Mac Dhè an solas a bheir sinne a-mach o bhraighdeanas ar peacaidhean gu soill-seachadh na beatha maireannaich. Sin solas na Nollaige. Tha e fìor. Tha e ann gun teagamh.

San Laoidh XXXIX tha an ceathramh rann a' dol mar seo:

Le theachd neul cionta thèid air chùl
'S thig fradharc iùil don dall,
Claisteachd don bhodhar 's cainnt don bhalbh
'S don bhacach lùth nam ball.

3. Buaireadh na h-ubhail òir

San àm bho thùs an uair a bha prionnsan agus diathan beaga beò air thalamh bha rìgh, Cèpheus, ann an ceann-a-tuath Afraga, aig an robh nighean a bha ainmeil airson a bòidhchead. Bha i, tha e coltach, grinn na gnùis, cumadail na bodhaig, aotrom sùbailte na gluasad agus a rèir aithris, math air cleasan agus ruith. Bha prionnsan òga ag iarraidh gu bhith a' suirghe oirre, ach cha robh aon diubh a' còrdadh rithe fhèin no ri a màthair. Bha a màthair cho moiteil aisde 's gu robh i ag innse fad is farsaing cho math 's cho brèagha 's a bha Andromeda - sin a h-ainm - agus dh'fhàs Andromeda fhèin cho mòr aisde fhèin agus cho pròiseil.

'S ann a rinn i fhèin 's a màthair suas gum pòsadh i prionnsa sam bith a bheireadh oirre ann an rèis; ach bha cùmhnant ann: fear sam bith nach dèanadh an gnothaich, rachadh a chur gu bàs. Chaill iomadh fear a bheatha. Bha Andromeda a' toirt leatha ubhal òir agus an uair a bhitheadh prionnsa gu breith oirre bha i ga leigeil às. An dàil bheag a dhèanadh am fear a bha a' tighinn as a dèidh a' togail na h-ubhail bha sin gu leòr gu Andromeda a leigeil gu ceann na rèis.

Saoilidh mise gur e brìgh an sgeòil seo naidheachd ar beatha. Cia meud uair a tha sinn a' strì ri rud nach eil ann ach faileas, agus fichead rud a' tighinn eadar sinn 's ar miann? Faodaidh sinn cuideachd a bhith air an t-slighe cheart a' tòiseachadh, ach tha sinn air ar tarraing an dara taobh le rud-gu-rud. Chan eil Criosd na ruith air thoiseach agus a' cur cnapan-starra romhainn. Tha E na sheasamh agus a' glaodhaich: "Thigibh gam ionnsaigh, agus bheir mise suaimhneas dhuibh" (Mata 11, 28). Sinn fhìn a tha a' cur cnapan-starra romhainn fhìn. Nar beatha spioradail tha nàmhaid ar n-anam nas innleachdaiche na smuain dhaoine 's tha sinn a' gèilleadh dha.

Tha iomradh air an rìgh Saul, a bh' air a thaghadh le Dia gu bhith na rìgh, agus ged a bha e air an t-slighe cheart a' tòiseachadh cha do mhair sin fada. Dh'fhàs e cho fèin-fhiosrach 's gu robh e beag air bheag a' dìochuimhneach-adh a dhreuchd, agus a' tionndadh gu nithean coimheach.

Chuir e e fhèin aon uair an àite Shamueil agus rinn e ìobairt-loisgte. Cha b' urrainn dha feitheamh ri Dia. Chaidh e greis as a dhèidh seo gu bean aig an robh leannan-sìth, bana-bhuidseach, ann an Endor airson fiosachd. Sin far an deach e a dh'iarraidh stiùiridh an àite dhol gu Dia; agus mar tha fios againn, bha e gu bhith aig ceann a rèis. Bha e a' ruith faileas, agus chaill e a bheatha.

Tha Lùcas (Caibideil 18) ag innse dhuinn mun uachdaran àraidh a thàinig gu Criosd. "A mhaighstir mhaith", ars esan, "ciod a nì mi gus an sealbhaich mi a' bheatha mhair-eannach?" Thuirt Criosd ris: "Is aithne dhut na h-àithean-tan mar: na dèan adhaltranas, no mort, no goid, na toir fianais brèige, thoir urram dod athair 's dod mhàthair." Fhreagair an t-uachdaran: "Choimhead mi iad sin uile bho m' òige." "Tha aon rud eile ann", arsa Criosd; "creic na h-uile nithean a tha agad." Dh'fhalbh an t-uachdaran làn tùrsa, oir bha e beartach. Bha beartas an t-saoghail a' tighinn eadar e fhèin is Dia. Bha an ubhal òir ga bhuaireadh.

Nach mòr as fheàrr dhuinn feairt a thoirt air an t-Salmaidh (Salm CXIX r.116) agus ar neart 's ar glaodh a thogail?

Rèir t-fhocail dèan mo chumail suas
A chum gu mairinn beò
'S na leig fo nàire mi fa chùis
Mo dhòchais fèin gach lò.

4. "Coma leat ... tillidh tu"

Ann am fear dhe na h-eileanan bha cruitear aig an robh eathar chnapach, agus bha an ùine aige leth-ma-leth eadar a' chruit agus an t-iasgach. An uair a bha e ullamh de dh'obair an Earraich a' bhliadhna bha seo, chuir e callaid ùr os cionn a' phuirt gus an t-àiteach a dhion. 'S e snàithleinnean iarainn air am fighe nam mogail agus snàithle bhiorach gu h-àrd a bh' innte.

Bha e air an eathar a sgrìobadh, deiseil gus a tearradh agus a peantadh. Thug e a mhac òg leis, an latha bha seo. 'S esan a bha toilichte, a' cluich air feadh a' phuirt! Ach thog athair a shùil 's bha am fear beag na ruith suas gu mullach a' phuirt. Chuir seo iongnadh air 's thug e sùil timcheall. Ach ma thug, chunnaic e gu robh am fear beag air an teàrr 's am peant a chur an ceann a chèile agus gun deachaidh car dhen t-soitheach. Mach a thug e as dèidh an fhir bhig agus fhuair e air a chrodhadh an oisean na callaid. Dìreach an uair a bha e gus a bhith aige thug am fear beag mun cuairt agus fhuair e a-mach tro fhear dhe na mogail. Chan fhaigheadh athair a-mach tromhpa agus cha mhotha gheibheadh e seachad air a' challaid leis an t-snàithle bhioraich gu h-àrd. Sheas e agus dh' èigh e as dèidh an fhir bhig, "Coma leat, tillidh tu."

Saoil sibh a bheil suidheachadh mar seo fìor eadar sinn fhìn 's ar n-Athair nèamhaidh? Nach eil e fìor gu bheil Dia tre Iosa Criosd agus an Spiorad Naomh a' strì ri ar teagasg bho àm ar breith gu àm ar bàis? Nach eil e fìor cuideachd ma leigeas ar pàrantan dhinn an sùil airson mionaid bheag gu bheil sinn buailteach a bhith ann an cron? Gu spioradail nach bi sinne an-dràsda 's a-rithist a' cur cùl ri ar n-Athair nèamhaidh, agus nar neart fhìn tha sinn a' tuiteam ann am peacadh?

Tha sinn a' feuchainn ri teicheadh, an àite aideachadh gun do rinn sinn cron, gun do pheacaich sinn. Tha sinn an dòchas le ùine gun dìochuimhnich Dia ar mearachd.

An e suidheachadh mar seo anns an robh Iònah? Bha Dia ag iarraidh air rud-eigin a dhèanamh, 's e sin a dhol a Ninebheh, ach cha robh e deònach agus dh'fheuch e ri teicheadh. Nach saoil thu gu bheil Dia a' coimhead as a dhèidh agus ag ràdh: "Coma leat, tillidh tu."?

Seall cuideachd air an naidheachd air a bheil sinn uile eòlach - Am Mac Stròdhail. Tha e air innse gu robh athair a' coimhead agus ri faire, agus ged a thug e dha a roinn mar a dh'iarr e, na inntinn nach saoil thu gu bheil athair ag ràdh: "Coma leat, tillidh tu."?

Tha e fìor anns gach suidheachadh ma gheibh sinn blasad air dachaigh bhlàth, choibhneil, làn gràidh do chàch a chèile, gu bheil e nàdarra nach tèid i a chaoidh as ar cuimhne agus gun iarr sinn tilleadh. Tha an aon suidheachadh ann thaobh ar n-anam. Nach eil gach aon againn ag iarraidh dhachaigh gu Dia a chionn 's gun d' fhuair sinn blasad air gràdh Dhè do ar n-ionnsaigh? Nach e pàrantan agus inbhich bu chòir a bhith cinnteach gun innis iad mu bhlàths is choibhneas Dhè, agus nach e bhiodh math nan cluinneamaid Dia ag èigheach ruinn: "Coma leat, tillidh tu."! Maitheanas Dhè gar feitheamh.

San Laoidh XLVI tha an rann seo:

Iosa! tràth dh'earbas sinn a t'ainm
Cia luachmhor dhuinn do ghràs!
Do ghràs a bheir dhuinn fìreantachd
'S do 'r n-anam dion gu bràth.

An t-seann dachaigh aig Ailean, ann an Togh Mòr

5. "Fàsaidh ùbhlan air craoibh ùbhlan"

Chuala mi mu sheann mhinistear, bliadhnaichean air ais, An t-Urramach Alasdair Camshron, agus bha e air a chur as a leth gum biodh e gu math tric ag ràdh, "Fàsaidh ùbhlan air craoibh ùbhlan", na shearmoin. Thàinig seo gu mo chuimhne air an Earrach seo an uair a chunnaic mi craobh ùbhlan fo bhlàth, agus smaoinich mi air na h-ùbhlan. Nach iomadh seòrsa a th' ann! Tha cuid dhiubh dearg 's cuid uaine, feadhainn sgallach dearg agus feadhainn sgallach uaine. Cuid dhiubh searbh 's cuid milis. Feadhainn dhiubh mòr 's feadhainn dhiubh beag. Cuid cruinn 's cuid nach eil cho cruinn. Feadhainn sa bheil gaiseadh agus feadhainn a tha slàn. Tha cuideachd measan ann a tha coltach ri ùbhlan ach chan e ùbhlan a tha annta, 's mar sin air adhart.

Saoil sibh nach robh am ministear a' faicinn dhaoine san fharsaingeachd mar seo, daoine mar sibh fhèin 's mi fhìn? Nach iomadh seòrsa fear 's bean a th' ann, nan cruth, nan nàdar 's nan tuigse? Chan eil aon anns nach eil feum ach an fheadhainn a tha meallta. Gu ruige 's an fheadhainn sa bheil gaiseadh; tha a bheag no mhòr feum annta.

Chan eil gnè nàdair duine nach eil Criosd a' toirt iomradh air, agus airson fear no dhà ainmeachadh mar tha san t-siathamh caibideil de Shoisgeul Mhata. "An uair a ni sibh trasgadh", tha Criosd ag ràdh, "na bitheadh gruaim air ur gnùis ... chum gu faicear le daoine sibh. Tha mi ag ràdh gu fìrinneach gu bheil an tuarasdal aca."

Tha e cuideachd a' togail mu bheartas, agus cia àite sa bheil ar n-ùidh. Tha beartas saoghalta math na àite fhèin, ach 's e an cunnart a bhith ga chur air thoiseach air eòlas air Dia. "Oir ge b' e àite sa bheil ur n-ionmhas 's ann an sin a bhitheas ur cridhe mar an ceudna." Chì Dia nar cridhe ach chan fhaic sinne tro rùsg na h-ubhail.

A-rithist tha E a' bruidhinn mu ar coltas: "Carson a tha sibh ro-chùramach mu thimcheall ur culaidh? Foghlaimibh cionnas a tha na lilidhean a' fàs sa mhach-air ... cha robh Solamh fhèin, na uile ghlòir, air èideadh mar aon dhiubh seo."

Nach iongantach is mòr gràdh Dhè tre Iosa Criosd! Gar bith dè ar cruth, ar nàdar no ar culaidh, gabhaidh E ruinn gu toileach ma chuireas sinn ar muinghinn ann. Nas iongantaiche na sin, a dh'aindeoin dè an grodadh no an gaiseadh a tha annainn, ma ghabhas sinn aithreachas - seall Saul o Tharsus, 's an gadaiche air a' chrann. Chan e gun geàrr E sios sinn ach gu slànaich E sinn le a ghràs agus le tròcair. An tì a thig ga ionnsaigh 's gun gabh e ris, bithidh e, mar tha am fear sa chiad salm:

Mar chraoibh is amhlaidh bithidh e
'N cois aibhne fàs a ta,
A bheir na h-aimsir toradh trom
Gun duilleach chall no blàth.

Sealladh bhon t-seann dachaigh

6. Ar combaist agus ar solas air slighe na beatha

Bha mi ag èisdeachd ri còmhradh uair-eigin eadar dithis agus iad a' deasbad mu dheidhinn a' Bhìobaill. 'S e brìgh an t-seanchais: "Saoil an robh an sgeul fìor? Cha robh dearbhadh cinnteach ann, ach ag iarraidh oirnn am Bìoball a ghabhail air fhacal", bha iad ag ràdh.

Thog seo dhomh smuain air turas ann an Sealtainn 's mi a' gabhail aiseag gu fear dhe na h-eileanan ann am bàta cnapach, air latha ceòthar. Bha an ceò cho trom 's nach fhaiceamaid trì fichead slat romhainn air tìr. Ach nochd am bàta 's i cha mhòr aig a' chidhe; chluinneamaid i mus fhaca sinn i. Dh'fhalbh i leinn, 's ma bha an ceò dona air tìr, 's ann a bha e doirbh aig muir.

Bha dithis air a' bhàta, Seonaidh aig an stiùir, agus Rob. Cha robh ri fhaicinn romhainn no timcheall oirnn ach an aon dath glas. Thug mi an aire do Sheonaidh, gu robh uaireadair pòca aige na làimh agus gu robh e a' sìor chumail sùil air a' chombaist. An ceann leth-uair no mar sin dh'èigh e ri Rob: "Thig a-nuas dhan toiseach feuch am faic thu an taigh-solais." Cha robh Rob a' faicinn dad. Sin dh'èigh Seonaidh: "Mura faic sinn an solas ann an dà mhionaid eile feumaidh mi a ceann a thoirt suas dà phuing." Cha robh na faclan ceart a-mach as a bheul an uair a dh'èigh Rob: "Tha e dìreach romhainn." Thug Seonaidh am bàta an uair sin suas taobh a' chladaich gu beul a' phuirt agus a-staigh chun na làimhrig - 's bha sinn sàbhailte air tìr.

Shaoil leam gu robh soilleireachadh agus dearbhadh air fìreantachd a' Bhìobaill san turas a bha siud. Bha earbsa aig Seonaidh sa chombaist agus bha e a' stiùireadh air a rèir, agus chum sin air an t-slighe e.

Nach ann mar sin a tha am Bìoball? Tha e cinnteach, gun mhearachd, agus ged nach fhaic sinn romhainn, ma chumas sinn ri a theagasg cha tèid sinn ceàrr. 'S e Criosd ar combaist air slighe na beatha, ar teagasg, ar solas, agus ar tuigse, a rèir ar feuman agus ar comasan. Ged a thog Seonaidh an taigh-solais, cha robh an turas seachad: mar sin, an uair a gheibh sinne eòlas air Dia chan eil ar slighe sa bheatha seachad, feumaidh sinne fuireach dlùth ris, fuireach ann an doimhneachd seòlaidh gus an ruig sinn an cala agus an làimhrig. Thubhairt Criosd, "Cha tig aon neach chum an Athar ach tromhamsa."

Bha uaireadair aig Seonaidh na làimh, ma tha cuimhn' agaibh. Bha e a' fàs mì-fhoighidneach. Nach bi sinne mar sin cuideachd? Bidh gnothaichean a' dol leinn gu math ach bidh sinn a' fàs sgìth, ar foighidinn, 's dòcha ar miannan fhèin, ag ràdh gu bheil sinn airidh air soilleireachadh mòr an dèidh ar strì. Tha Sàtan a' cur teagamhan nar n-inntinn; ach leigidh Dia a thoil am follais aig àm fhèin. Ann an Salm CXVIII tha an rann seo:

'S fheàrr na bhith 'g earbs' a duine beò
Ar dòchas chur an Dia,
'S fheàrr na bhith 'g earbs' a prionnsaibh mòr'
Ar dòchas chur san Triath.

7.   Soithichean dionach ... no sgagach?

Bha ministear ann am Blantyre, ann an Afraga, agus mar tha fios agaibh bhitheadh iad uaireannan a' gabhail chuairtean mòra a-mach dhan dùthaich. Air aon dhe na cuairtean seo bha coinneamh aig a' mhinistear aig an robh àireamh de shean is òg ag iarraidh baisteadh. San eaglais bhig seo bha tobar-baistidh fiodh aca, air a dhealbh agus air a shnaidheadh gu cùramach, ciatach, agus tlachdmhor ri coimhead air. Thug am ministear an aire dha, agus cuideachd gu robh cuman mòr uisge ri a thaobh. Rinn e gàire beag ris fhèin.

An uair a thàinig àm na sàcramaid 's a chaidh iad air adhart chun an tobair, thug am ministear an aire nach robh boinne uisge ann agus dh' iarr e air an fhear-frithealaidh uisge chur ann. Rinn e seo, ach cha robh deur a' fuireach san tobar ach a' ruith gu làr. Bha am fiodh air sgàineadh 's air sgagadh le teas na grèine. Fhuair iad dòigh air a dhol air adhart leis an t-seirbheis agus bha a h-uile nì gu math.

Chan eil mòran air Ghàidhealtachd no 's dòcha air Ghalldachd aig nach eil fios, mura gabh thu aig fiodh, mar uinneagan, dorsan, cairtean, eathraichean agus mar sin, le peanta no ola air chor-eigin, nach bi e fada gus an sgag iad as a chèile.

Tha mi a' smaointinn gu bheil smuain gu math cudthromach agus gu math soilleir san naidheachd bhig seo. Faodaidh mi fhìn agus sibh fhèin a bhith coltach ris an tobar-baistidh a bha siud, ann an seagh tìmeil agus ann an seagh spioradail.

Cuimhnicheamaid an uair a chaidh Àdhamh agus Eubha a chur a-mach a Gàradh Edein, "a shaothrachadh na talmhainn as an tugadh e" - 's e sin pàirt de dhuais a' pheacaidh. Bha sin a' ciallachadh, ma bha iad gu bhith beò, gu feumadh iad obrachadh le fallas am malaidh. Tha daoine a' dèanamh sin agus tha feadhainn a bhuannaicheas agus feadhainn nach buannaich. Tha an cuid cosnaidh a' falbh gun fheum. Tha, mar gum b' eadh, toll air am pòca. Chan eil iad cùramach.

Chan e sin a tha Dia ag iarraidh ach gun toireamaid feum as gach goireas a làimhsicheas sinn, agus sin le taingealachd do Dhia a tha a' toirt neart, cothrom agus gach goireas dhuinn airson ar feuman. "Rinneadh na h-uile nithean leis; agus as eugmhais cha do rinneadh aon nì a rinneadh", tha Soisgeul Eòin 1, 3 ag innse dhuinn.

Ann an seagh spioradail tha a' chiad cheist ann an Leabhar Aithghearr nan Ceist a' comhairleachadh "Dia a ghlòrachadh 's a mhealtainn gu siorraidh". Tha fiosrachadh againn air glòir, air gràs, air tròcair, air maitheanas, air saorsa agus air gràdh Dhè tre Iosa Criosd, ach chan eil sin gu leòr. Feumaidh sinn am fiosrachadh sin a ghabhail thugainn fhìn, gu ar cridhe, gu ar cleachdaidhean. Faodaidh sinn a bhith aig meadhanan adhraidh tric, ach tha teagasg an t-Soisgeil a' dol a-staigh air an dàrna cluais agus a-mach air a' chluais eile - tha ar cridhe cho làn sgagaidhean 's nach eil e a' gleidheadh facal.

Tha sinn mar a bha an tobar-baistidh, nar soithichean falamh. Nach mòr a b'fheàrr dhuinn a bhith air ar dion bho phian 's bho ghoirteas agus air ar n-ungadh le briathran cùbhraidh an t-Soisgeil a ni ar dion agus a ni sinn nar soithichean taghte, dionach? Cuimhnicheamaid air a' chòigeamh rann de Shalm XXIII:

Dhomh dheasaich bòrd air beul mo nàmh,
Le ola dh'ung mo cheann;
Cur thairis tha mo chupan fòs
Aig meud an làin a t' ann.

8. A' ghuileag 's an gealladh

Ann an *Tuireadh Àird Ghobhair* tha a' chiad sreath a' ruith mar seo: "Thàinig thar chuain 's bu chruaidh a' ghuileag." 'S e am facal "a' ghuileag" a ghlac m' inntinn 's a thug air ais mi gu làithean m' òige 's mi a' cluinntinn guth tùrsach, drùidhteach, leantaileach na h-eala air Loch a' Phuirt Ruaidh air latha cruaidh reòdhta sa gheamhradh. Bho rud gu rud shiubhail m' inntinn air ais air feadh nam bruthaichean a b' aithne dhomh gu luchd-eòlais, cuid dhiubh nach maireann an-diugh, chun na sgoil bhig, 's an luchd-teagaisg. Cuideachd chun na sgoil Shàbaid 's mi cuimh-neachadh cho doirbh 's a bha e dhuinn fuireach socair a' feitheamh ris a' mhinistear. Ach rud iongantach - cha b' ann toilichte bha mi gu robh na làithean sin seachad, ach bha beagan de chianalas orm nach tug mi barrachd gèill dhan eòlas a bhàtar a' toirt dhomh.

Ged a bha mi a' leughadh an tuiridh bha sealladh m' inntinn mum choinneimh, ach feumaidh gu robh brìgh na bàrdachd a' drùidheadh orm, chionn 's ann air an eaglais 's air an sgoil Shàbaid a bha m' aire agus air na naidheachdan annasach sìmplidh a bha mi a' cluinntinn bhon mhinistear.

Tha mi a' creidsinn gum bi gu leòr sa cheart shuidh-eachadh san robh mise - facal no tachartas a' dùsgadh cuimhneachain dhuinn, agus 's dòcha cuideachd gu smaoin-ich sinn: "Nam b' e an-diugh an-dè." A chuimhneachain fhèin aig a h-uile duine.

Ann an Leabhar nan Àireamh (11, 5) tha cuimhneachain a' tighinn air ais gu Cloinn Israeil san fhàsach. "Is cuimhne leinn an t-iasg", tha iad a' gearan, "a dh'ith sinn san Èiphit gu saor, na cularain 's na mealbhucain agus leicis, agus na h-uinneanan agus an creamh, 's tha sinn a-nis gu tiormachadh 's chan eil againn ach am mana seo." Tha iad a' coimhead as an dèidh an àite bhith a' coimhead romhpa agus iad air an rathad gu Tìr a' Gheallaidh.

Cia meud uair a tha Criosd a' cur an cuimhne a luchd-èisdeachd rudan a thachair san t-seann aimsir - dìlseachd Abrahàim, a bha iadsan ag ràdh a bha iad a' leantainn, mu

31

Mhaois, mu Dhaibhidh, mu fhàidheadaireachd Isaiah agus mu dheidhinn fhèin 's na bha ri tachairt dha?

Nach cruaidh a' ghuileag a tha a' tighinn thar nan linntean, agus a tha ùr a h-uile bliadhna - gun do cheusadh Iosa Criosd, an neo-chiontach an àite nan ciontach, an ìobairt-rèite eadar Dia agus peacaich: sin mise agus sibhse. Naidheachd mhòr na Càsga. Ann an Soisgeul Lùcais (24, 6-8) tha e air innse, an uair a thàinig feadhainn chun na h-uaighe, gun dubhairt an dithis ann an aodaichean dealrach riutha: "Cuimhnichibh mar a labhair E ruibh an uair a bha E fhathast an Galile" ... agus chuimhnich iad air a bhriathran.

'S e a' cheist a-nis a bheil sinne a' cluinntinn guileag na Càsga, làn de gheallaidhean siorraidh an Dè bheò, gealladh na beatha maireannaich do gach aon a chluinneas agus a chreideas. Tha brìgh a' gheallaidh ann an Laoidh XXX:

'N sin gheibh sinn eòlas air a ghràdh
Ma thig sinn dhàsan dlùth,
Bidh ghnùis mar ghrèin na maidne glain,
'S a ghuth mar inneal-iùil.

Eòlaich agus càirdean an làithean na h-òige

9. Smuaintean mu na h-àitheantan

Bha bliadhna an siud anns an robh droch shìde foghair, agus bha gu leòr dhen arbhar fhathast anns na h-achaidhean air Oidhche Shamhna. Bha Oidhche Shamhna tioram, soilleir le gealaich àird nan speur, 's bha gillean a' bhaile ri spòrs gu leòr. Mun do dhealaich iad 's ann a rinn iad suas gun cruinnicheadh iad na bha de dh'arbhar a-muigh, agus gun dèanadh iad aon chruach mhòr air, agus gu faigheadh iad spòrs air na bodaich làrna-mhàireach ga roinn. Sin mar a thachair, ach gum b' fheudar dhaibh cruach mhòr san iodhlainn a b' fhaisg' orra a leagail airson an adag mhullaich a chur sa chruaich mhòir.

Sa mhadainn, an uair a chunnaic na bodaich an rud a thachair, thòisich an trod, ach bu shuarach sin seach an èigheach 's am maoidheadh an uair a thòisich iad air roinn na cruaiche, gach fear a' dèanamh a-mach gun aithnicheadh e arbhar fhèin. Bha na balaich a' dol as an ciall a' magadh air na bodaich. Fad bhliadhnaichean as a dhèidh seo tha e coltach gu robh teaghlaichean nach robh a' bruidhinn ri chèile leis a' bhuaireadh a rinn an euchd a bha siud.

An rud a thachair, cha do stad e aig spòrs. A' dèanamh rud-eigin gun smaointinn an uair a tha daoin' eile gan toirt a-staigh sa ghnothach, chan eil ann ach buaireadh.

Ma choimheadas sinn air na deich àitheantan agus gum beachdaich sinn orra, tha e soilleir gu bheil a' chiad cheithir ag innse dhuinn cùmhnantan eadar sinn fhìn agus Dia, aon airson ar teaghlaich, agus na còig eile na nithean as còir dhuinn a sheachnadh nar nàbachd. Glè thric 's e na nithean as còir dhuinn a sheachnadh air an toir sinn sùil gus mu dheireadh gu bheil sinn gan dèanamh.

Thòisich seo le cion comhairle agus cion toirt fainear ann an Gàradh Edein. Bhon uair sin tha an cionta mòr sin gar leantainn bho ghinealach gu ginealach. San t-siathamh caibideil ann an Leabhar nam Britheamhna tha e air innse dè thachair do Chloinn Israeil an uair a bhris iad na cùmhnantan, agus tha an seachdamh caibideil ag innse mun damaisde a fhuair Gideon mun d' fhuair e buidheann anns am b' urrainn dha earbsa chur airson an saoradh.

Seall cuideachd air an spòrs a bh' aig na sgrìobhaichean agus na Phairisich an uair a fhuair iad gu èigheach gu h-àrd Criosd a cheusadh. Tha na h-aon shuidhichidhean ann an-diugh; 's dòcha nach ann san aon dreach, ach 's i an aon mhàthair adhbhair a th' ann.

Sin aon taobh dhen cheist. Nach bi sinne a' dìochuimh-neachadh a' chiad chòig àitheantan agus an tlachd a tha aig Dia annta? Cia meud uair a tha e air a sgrìobhadh an toileachadh, an t-aoibhneas agus an gàire a tha air Nèamh airson a h-uile peacach a ni aithreachas? "Dèanaibh-se gàirdeachas", tha Lùcas ag aithris, "anns an latha sin, agus leumaibh le aoibhneas" (6, 23). Ann an litir Pheadair (4, 13) tha e sgrìobhte: "Ach do bhrìgh gu bheil sibh nur luchd-compàirt de dh'fhulangasan Chriosd ... gun dèan sibh gàirdeachas le aoibhneas ro mhòr." Thug mi iomradh uair-eigin air an Urramach Alasdair Camshron. Bhitheadh esan uaireannan ag ràdh: "Rinn Dia gàire, ach cha do rinn ri peacadh." Cronaichidh Dia sinn le gruaim, ach gabhaidh e ruinn le gàire.

Ann an Salm LXVIII tha an treas rann a' dol mar seo:

Ach gàirdeachas air daoine còir
Is aoibhneas gu robh ac'
Am fianais Dhè le luathghair mhòir
'S iad suilbhir agus ait!

Aoibhneas Dhè gu robh agaibh.

10. "'S leamsa thu dùbailte"

Bha ùidh mhòr aig a' ghille bheag a bha seo ann an cluich na fìdhle, ach cha robh fidheall aige dha fhèin, no airgead a cheannaicheadh tè. Chruinnich e pìosan fiodha a bha freagarrach agus rinn e fidheall dha fhèin cho math 's a b' urrainn dha. 'S esan a bha moiteil!

Aon latha cha robh sgeul aig oirre agus cha b' urrainn dha cuimhneachadh càit an do leig e às i. Thug e ùine mhòr ga siubhal ach cha d' fhuair e lorg oirre. Thòisich e an uair sin air cur ma seach a h-uile sgillinn air am faigheadh e grèim, agus ged a bheireadh e ùine bha e dol a cheannach tè. Bha an t-airgead dìreach gus a bhith aige. Aon latha, 's e dol seachad air a' bhùth a bha a' creic innealan-ciùil, dè chunnaic e san uinneig ach an fhidheall aige fhèin, agus prìs oirre, an luib chàich! Thug sin spionnadh ùr dha gus an t-airgead a chruinneachadh, 's cha robh latha nach robh e a' toirt sùil air an uinneig fiach an robh an fhidheall innte.

Mu dheireadh bha an t-airgead aige agus chaidh e a-staigh dhan bhùth 's cha ghabhadh e inneal ach an fhidheall a bha siud. Bha e cho toilichte 's gu robh na deòir na shùilean. An uair a fhuair e a-mach as a' bhùth bhruidhinn e ris an fhidhill mar gum b' ann ri pearsa: "Rinn mi thu, ach chaill mi thu, dh' iarr mi thu, agus a-nis cheannaich mi thu. 'S leamsa thu dùbailte."

Nach fìor an naidheachd seo mun choimhcheangal a tha eadar sinn fhìn agus Dia? Dhealbh E sinn "a rèir iomhaigh fèin, ann an eòlas, fìreantachd agus naomhachd, le uachdranachd os cionn nan creutairean". Thug e cuideachd dhuinn cothrom taghadh eadar math agus olc, mar tha an dara caibideil de Ghenesis ag innse dhuinn. Ach chaill Dia Àdhamh ann an Gàradh Edein agus bha E ga shiubhal agus ag èigheach: "Àdhaimh, càit a bheil thu?" Bha Àdhamh air chall ann am peacadh. Cha do chum sin Dia gun a bhith gar lorg agus rinn Dia ullachadh airson suidheachadh mar seo. Ged a leigeas sinne Esan air dìochuimhn', cha leig Esan sinne as a chuimhne. Nach eil Leabhar Aithghearr nan Ceist ag innse dhuinn: "Air taghadh do Dhia da ghean maith fèin roimh thoiseach an t-saoghail cuid den chinne-daonna chum na beatha maireannaich, rinn e coimhcheangal gràis chum an saoradh o staid peacaidh agus truaighe agus an toirt gu staid slàinte, tre Fear-saoraidh"?

Bha prìs na h-èirig aig Dia air a cur air dòigh gus ar fuasgladh o bhraighdeanas ar peacaidh - chan ann le ionmhas airgid ach tre ìobairt a' chroinn-cheusaidh. Nach eil e air innse dhuinn gum bi cuirm air nèamh airson gach uile neach a ni aithreachas? Shamhlaich Criosd seo ann am pearsa a' mhic stròidheil. Nach fìor e, matà, gun do rinn Dia sinn, gun deachaidh sinn air seachran, gu robh E gar sireadh, agus mu dheireadh gun do cheannaich E sinn?

Tha am fuasgladh a tha seo cinnteach ma fhreagras sinn, mar a fhreagair Àdhamh: "Chuala mi do ghuth." An cluinn sinn an-diugh, an luib othail an t-saoghail, an guth a tha gar sireadh? Nach eil an cothrom againn aig an àm seo dhen bhliadhna ar n-inntinn a thogail gu brìgh ar n-aoibhneis agus ar gàirdeachais, agus am pàipear faileasach a tha gar cumail am falach a tharraing an dara taobh gus am faic sinn sealladh air gràdh agus air gràs Dhè do ar taobh ann am pearsa pàisde Bhetlèheim, dan ainm Iosa?

Aoibhneas na Nollaige gum bi leibh air fad.

11. Ùrnaigh airson buaidh ... agus buaidh na h-ùrnaigh

Tha baile Chuebec air bruaich abhainn mhòr na St. Lawrence. Bho chionn fhada bha am baile seo na ghearasdan aig Frangaich is eile, agus chan fhaodadh bàta dhol suas no sios gun an cead-san. Bha grèim teann aca air dòigh-beatha an àite agus air marsantachd sam bith a bha a' dol a-mach no a-staigh gu meadhan Chanada. Ann an 1759, fo stiùireadh an t-Seanalair Wolfe, streap saighdearan Breatannach creagan àrda casa *Heights of Abraham*, agus air a' cheann thall chaidh Cuebec fhuasgladh on ghrèim chruaidh a bha air, agus chun an latha 'n-diugh tha an abhainn mhòr seo fosgailte do mharsantachd an t-saoghail air fad. 'S e eachdraidh a tha sin air a bheil fios aig a' mhòr-chuid.

Tha eachdraidh eile mu Chuebec air nach eil sinn cho eòlach, 's dòcha, agus 's e sin gu bheil eaglais bheag shìmplidh null pìos o bhearradh nan creag, agus a rèir aithris chaidh a togail air an làrach far an do lùb na saighdearan Breatannach an glùinean ann an adhradh agus ùrnaigh taingealachd an dèidh a' bhatail. Ma thèid thu a-staigh dhan eaglais seo chì thu a' chùbaid, agus air an dàrna taobh tha bratach Chanada agus air an taobh eile tha bratach Rèiseamaid an 71st. Chan e bratach gun aithne a tha innte, agus tha i a' dùsgadh na smuain gur dòcha gu robh gillean òga an trèine an neairt nan luib, as na h-eileanan agus as na glinn air a bheil sinn eòlach.

Nach ann ann a tha an t-adhbhar smaointinn, chan e gun d' fhuair na gillean ùine air adhradh a dhèanamh, ach gun do rinn iad ùine a dh'aindeoin othail, ùpraid, gàirdeachas is eile co-cheangailte ri buannachd? Bha iad a' cuimh-neachadh air Dia, a chaidh ionnsachadh dhaibh nan òige agus a bha a-nis air an gleidheadh agus air buannachd a thoirt dhaibh.

San latha a th' ann an-diugh tha sabaid le armachd ann, ach tha cogadh nas cruaidhe agus nas buaine ann an aghaidh droch chleachdaidhean fhuadain mhillteach dhe gach seòrsa, agus tha iad sin cho drùidhteach 's gun tig iad na do chridhe

- agus chan eil duine, gar bith dè a dhreuchd, fhoghlam no a shuidheachadh, a tha saor bhon bhuaireadh aca. 'S iomadh ainm a tha againn air na cleachdaidhean seo - peacadh, seachranachd, buaidh an droch spioraid nan luib - agus tha iad nan cnap-starra a cheart cho àrd agus a cheart cho cas ri creagan Abrahàim. Glè thric tha sinn a' call ar misneachd gu ìre 's gun can sinn: "O, dè math...?"; 's tha sinn a' call cleachdadh na h-ùrnaigh agus aig an aon àm chan eil sinn le eisimpleir ag ionnsachadh ar sliochd.

An cuimhnich sinn air na daoine on tàinig sinn agus mar a rinn na saighdearan òga; chan e ùrnaigh a dhèanamh ma bhitheas ùine againn, ach can aona mhionaid a chur ma seach san latha? Nach tòisich sinn an-diugh leis an ùrnaigh a thug Criosd dhuinn?

Ar n-athair a ta air nèamh gu naomhaichear t' ainm, gun tigeadh do rìoghachd, gun dèanar do thoil air thalamh mar a nithear air nèamh. Tabhair dhuinn an-diugh ar n-aran làitheil, agus maith dhuinn ar fiachan mar a mhaitheas sinne do ar luchd-fiach; agus na leig ann am buaireadh sinn, ach saor sinn on olc; oir is leatsa an rìoghachd agus an cumhachd agus a' ghlòir, gu siorraidh, amen.

Gu freagradh Dia ar n-ùrnaigh a rèir a thoil!

12. Cronachadh agus stiùireadh

Bho chionn bhliadhnaichean air ais, ro àm nam bàtaichean-aiseig a tha a' giùlan charbadan, bha bàtaichean tapaidh ag aiseag dhaoine is bathair as gach seòrsa eadar puirt air an taobh an iar. Aig gach cidhe bhiodh sluagh a' cruinneachadh, cuid an coinneamh luchd-eòlais agus cuid dìreach a' coimhead ach cò bha a' falbh 's a' tighinn. Cuideachd bhiodh sreath bhusaichean a' feitheamh na h-aiseig airson daoine tharraing gu an ceann-uidhe.

Aon oidhche bha am bàta anmoch a' tighinn gu port àraidh agus bha i gu bhith aig a' chidhe an uair a nochd dà phoileasman agus anns an dol seachad sheas iad tiotan a' bruidhinn ri draibhear fear dhe na busaichean. An uair a dh'fhalbh iad chuir an draibhear air na solais am broinn a' bhus; agus dè bha a' dol ach gu robh dithis no triùir ag òl a botal.

Thill na poileasmain 's thubhairt fear dhiubh ris an draibhear: "Tha fios agad nach eil e ceadaichte a bhith ag òl ann an còmhdhail dhen t-seòrsa seo." "Tha", fhreagair an draibhear. "Mura bheil e ceadaichte a dhèanamh", ars am poileasman, "chan eil e ceadaichte a leigeil air adhart." Bhruidhinn an draibhear ris an fheadhainn a bha ag òl, agus stad iad.

Dè thug an naidheachd bheag seo gu mo chuimhne ach gu bheil mi a' leughadh is a' cluinntinn cho tric mar tha maoidheadh is cronachadh a' dol air adhart agus cho tric 's a tha barailean luchd-lagha cho eadar-dhealaichte 's nach dèan sinn bun no bàrr dhiubh. Tha deasbaidean eadhon gan toirt gu cùirtean chan ann a-mhàin san rìoghachd seo fhèin ach gu cùirtean na h-Eòrpa. Bidh uairean pàrantan air an tarraing, uairean clann, uairean luchd-dreuchd, uairean luchd-obrach 's mar sin; 's na dhèidh sin tha rud-eigin a dhìth oirnn. An cois cronachaidh tha còir aig comhairle a bhith ann - mar a bha aig na poileasmain dhan draibhear, agus bha an draibhear umhail. An e sin a tha a dhìth oirnn?

Ann an ciad leabhar Shamueil agus san dàrna caibideil tha pàirt de dh'eachdraidh Eli air a h-innse agus dhen t-seòrsa cronachaidh agus comhairle a thug e air a dhithis mhac. Am briathran an latha 'n-diugh, seo mar a thubhairt e: "Tha mi a' cluinntinn gu bheil sibh ri mì-dhòigh; bithibh nur deagh ghillean 's na dèanaibh tuilleadh e." Cha do rinn Eli a dhleasdanas mar phàrant, mar shagart, no mar bhritheamh. Cha robh e dìreach, bunaiteach na bhriathran.

Tha Criosd a' nochdadh mar a tha cronachadh agus stiùireadh gu bhith a rèir co ris a tha E a' dèiligeadh agus dè an suidheachadh àraidh a tha ann. A bheil cuimhne agaibh mar a fhreagair E Seumas agus Eòin an uair a dh'iarr iad gum biodh aon air a làimh dheis agus aon air a làimh chlì an uair a rachadh E a dh'ionnsaigh na Glòire?

Tha an deicheamh caibideil de Shoisgeul Mharcais ag innse an sgeòil seo agus mar a chronaich Criosd iad gu sìmplidh, ciùin agus gu buileach, agus mar a shoilleirich E dhaibh an suidheachadh anns an robh iad - agus ghabh E an cothrom chan e a-mhàin iadsan a stiùireadh ach chomhairlich E na deisciobail mar an ceudna. Seo comhairle a tha a' seasamh agus a sheasas gu siorraidh do gach aon a tha a' leantainn agus a' gabhail bhòidean a bhith umhail do Chriosd.

Nach b'fheàrr dhuinn tilleadh agus èisdeachd ri bunait ar beatha an àite bhith ag èisdeachd ri briathran a thig thugainn air osna na gaoithe? An can sinne gu follaiseach mar a thubhairt Daibhidh ann an Salm XVI,7?:

Bheir mise buidheachas do Dhia,
Thug comhairl' orm am fheum:
Tha m'àirne fòs an àm na h-oidhch'
Gam theagasg mar an ceudn'.

13. "'S e a thoil-san mo mhiann-sa"

Tha seann sgeul ag innse mun àm a bhitheadh iad a' dol gu fèill na h-Eaglaise Brice le crodh, as gach ceàrn de dh'Alba. Dh'fhalbh buachaillean le crodh MhicLeòid a Dun Bheagain aon bhliadhna air an turas seo, agus tha e coltach gu robh an crodh a' bhliadhn' ud doirbh an cumail cruinn, agus b' fheudar do dhuine no dhithis eile falbh còmhla ris na buachaillean.

Aon uair 's gun d' fhuair iad gu pàircean na fèille, thill fear dhiubh seo air a shlighe dhachaigh. Air a thuras thàinig aon dhe na h-oidhcheannan air ann an sgìre Loch Abair, agus chunnaic e lùchairt mhòr làn de sholais, agus fuaim na pìoba a' tighinn ga ionnsaigh. Chaidh e suas chun an doras chùil agus dh'innis e fàth a thurais dhan t-searbhanta. Thug i a-staigh e agus thubhairt i ris gu faigheadh e biadh an uair a bhitheadh iad ullamh a fhrithealadh bùird nan uaislean.

Seo mar a bha; ach mus robh iad deiseil dh'fhosgail doras an talla mhòir agus thàinig fear a' bhaile a-nuas. Bha pìobaire a' cluichd dìreach taobh a-staigh an dorais agus bha sùil an Sgitheanaich air. Bhruidhinn fear a' bhaile ris agus dh'fhaighneachd e an cluichdeadh esan a' phìob agus fhreagair e: "Beagan." Chan fhòghnadh ach gu feumadh e sa bhad cluichd aig a' chuirm. Seo mar a thachair, agus an uair a bha e ullamh thubhairt fear a' bhaile ris gu robh a' chluichd aige cho math 's gu feumadh gun d' fhuair e a theagasg bho Chlann 'Ic Cruimein. "Sin as cinneadh dhomh", ars' an Sgitheanach.

"Bheil thusa ag innse dhòmhsa", ars' an t-uachdaran, "gun do chuir MacLeòid fear dhe na pìobairean as ainmeile air an t-saoghal air falbh na ghille-ruithe aig buachaillean?" Arsa MacCruimein, a' cur briseadh cainnte air, "Gabhaibh mo leisgeul, agus ler cead, 's e a thoil-san mo mhiann-sa."

San deicheamh caibideil de Shoisgeul Mhata tha an stiùireadh a thug Criosd do a dheisciobail air innse gu soilleir an uair a bha e gan cur a-mach a shearmonachadh - gu robh e a' sùileachadh iad a bhith umhail, mar a tha an 25mh rann ag innse: "Is leòr don deisciobal a bhith mar a mhaighstir agus don t-seirbhiseach a bhith mar a thighearna." Nach e seo an earbsa a bha còir a bhith eadar maighstir is seirbhiseach, taobh air thaobh?

Ma chreideas sinn na bheil sinn a' leughadh 's a' cluinntinn an-diugh, saoil sibh an ann mar seo a tha? Nach eil e fìor "gu siubhail droch sgeul ach tha deagh sgeul fiachair don duine aig a bheil e"? San t-siathamh caibideil de Isaiah tha cunntas goirid againn air seanchas eadar e fhèin agus Dia. "Co leis a chuireas mi fios, agus cò thèid air ar son?" tha Dia a' faighneachd. Fhreagair Isaiah: "Tha mise an seo, cuir fios leamsa." Bheil sinne cho foghainteach sin nar creideamh agus cho ullamh gu ainm Dhè agus deagh sgeul an t-soisgeil a dhearbhadh do gach neach a dh'iarras soilleireachadh?

Smaoinich cuideachd air cho tric 's a tha sinn ag ràdh Ùrnaigh an Tighearna agus nam faclan "Gun dèanar do thoil air thalamh mar a nithear air nèamh". Bheil sinne dhen bheachd gur ann aig cuideigin eile a tha seo ri dhèanamh ged tha an ùrnaigh a' tòiseachadh: "Ar n-Athair a tha air nèamh"? Mura cuidich thu ceannard do theaghlaich fhèin, co dha bheir thu taice? Cha trèig Dia aon neach a chuireas a dhòchas agus a mhuinghinn ann. Nach tubhairt Criosd sin uair is uair?

Tha an t-8mh rann de Shalm XL a' dol mar seo:-

'S e siud mo thlachd 's mo mhiann, a Dhè,
Do thoil gun dèantadh leam,
Do reachd gu dearbh a ta gu buan
Am chridhe staigh 's am chom.

14. Suathadh nas treise na buille dhen òrd

An àm togail nan dàm air feadh na Gàidhealtachd airson obair an dealain bha aon ga thogail aig ceann locha faisg air baile beag. Bha eaglais sa bhaile, agus 's ann am pàirt còmhnard ri a taobh a chuireadh suas oifis, stòr agus àite gleidhidh airson gach uidheim a bh'aca.

Cha robh obair Sàbaid ga dèanamh ach a-mhàin ceathrar no còignear a' dol a-staigh airson gach uidheam a chur air dòigh airson madainn Di-luain. Aon rud a bh'aca ri dhèanamh, 's e saimeant a bh'air cruadhachadh air na baraichean iarainn a bhriseadh dhiubh le ùird - agus abair fuaim! Bha e cho mòr 's gur gann gun cluinneadh an coithional am ministear a' searmonachadh. Bhruidhinn an seisean ris a' mhinistear, gu feumadh e stad a chur air a' ghleadhraich a bha siud air an t-Sàbaid. Cha robh esan buileach cinnteach - dh'aithnicheadh e cuid dhen luchd-obrach - ach cho-èignich iad e agus dh'fhalbh e. Bha e na sheasamh greiseag bheag faisg orra mun tug iad an aire dha, agus thuirt e riutha: "An urrainn dhuibh idir sin a dhèanamh le screw-driver?" Cha chuala mi dè am freagairt a fhuair e, no dè an t-seanchas a bha eatarra, ach stad am fuaim, aig àm nan seirbheisean co-dhiù.

Chan eil fios dè bha a' dol tro inntinn a' mhinisteir, ach tha aon rud cinnteach: faodaidh meas agus gràdh a bhith agad do neach agus gràin làidir a bhith agad air an rud a tha e a' dèanamh.

An uair a sheallas sinn air beatha Dhaibhidh agus cho mòr 's a bha a ghràdh do a mhac Absolom, aon mhac a bha a' cogadh cho làidir na aghaidh, chì sinn san ochdamh caibideil deug de dhàrna leabhar Shamueil agus anns an rann mu dheireadh, glaodh Dhaibhidh mu bhàs Absoloim: "Agus ghluaiseadh an Rìgh gu mòr agus chaidh e suas don t-seòmar os cionn a' gheata agus ghuil e; agus air imeachd dha thubhairt e mar seo: A mhic Absoloim, a mhic, a mhic Absoloim, o nach mise fhuair bàs air do shon, Absoloim, a mhic, a mhic." Gràdh athar do a mhac, gràdh Dhè do ar n-ionnsaigh-ne air a bhuileachadh ann am bàs Iosa Criosd mar ìobairt - sin an coimhcheangal naomh.

Tha eisimpleir eile againn bho Chriosd fhèin, san ochdamh caibideil de Shoisgeul Mharcais. Tha Criosd a' faighneachd de a dheisciobail dè a' bharail a bh' aig daoine air - cò E? Agus dh' fhaighneachd E an uair sin, "Ach cò tha sibhse ag ràdh is mise?" Thubhairt Peadar: "Is tu Criosd"; agus thòisich e air innse dhaibh na nithean a bha ri tachairt dha leis na sagartan is na sgrìobhaichean, mu a bhàs agus mu aiseirigh. Rug Peadar air agus thòisich e air Criosd a chronachadh. Thionndaidh Criosd ris agus thubhairt E: "Imich air mo chùlaibh, a Shàtain." Faclan cruaidhe, ach 's ann ris an spiorad a bha a' buaireadh Pheadair a bha Criosd a' bruidhinn, oir bha gràdh mòr aige do Pheadar fhèin. Bha gleadhraich agus dòigh smaointinn an t-saoghail a' buaireadh Pheadair.

Tha Dia a' nochdadh gu soilleir co ris a tha E a' buntainn: sin ris an spiorad fhuadain a tha sinne cho tric ag altruim. Chan eil dòigh air an droch spiorad a tha seo a cheann-sachadh ach le neart Chriosd a bhith againn. Bha suathadh dhen "screw-driver" le neart Chriosd na bu treise na buille dhen òrd. Bha molag bheag an làmhan Dhaibhidh na bu treise na uile armachd nam Philisteach.

Tha an siathamh rann ann an Salm LXV ag ràdh ruinn,

Le neart-san shocraich slèibhte mòr',
E crioslaicht' fòs le treis.
'S E chaisgeas fuaim gach mara 's tuinn,
Is còmh-stri dhaoine leis.

15. Leigheas fo làimh an Lighiche

Bliadhnaichean air ais b' fheudar do nighinn òig a dhol gu laighe-leapa. Cha robh fios dè bha ceàrr, agus ged a bha an dotair 's a' bhanaltraim gu math fritheilteach oirre, cha robh i a' dol dad na b' fheàrr. Aig an àm ud bhitheadh, mar a chanadh iad, uaislean a' tighinn chun na Gàidhealtachd airson iasgach agus sealg, agus bhitheadh muinntir an àite a' faighinn eòlais orra. Nan cluinneadh cuideachd na h-ìghne gu robh dotair nan luib, bhitheadh iad ga thoirt chun an taighe a choimhead oirre.

Aon uair thug iad dotair-chloinne chun an taighe agus thubhairt e riutha gu robh e a' smaointinn, nam faigheadh e air a toirt dhan taigh-eiridinn san robh e fhèin ag obair, gur dòcha gun dèanadh e cuideachadh leatha. Rinn iad ullachadh airson seo, ach 's ann fada, fada an aghaidh a toile a thug iad air falbh i. Ach dh'fhalbh i. Bha an nighean, tha e coltach, còrr is fichead bliadhna air an leabaidh aig an dearbh àm, ach an dèidh beagan mhiosan thill i dhachaigh a' coiseachd, le bata an toiseach, ach beag air bheag bha i a' dèanamh a' ghnothaich as aonais.

Cluinnidh sinn naidheachd mar seo an-dràsda 's a-rithist, agus gu dearbh tha naidheachd gu math coltach rithe aig Marcas ga h-innse san dara caibideil dhe shoisgeul. Nach tug ceathrar chompanach "neach air an robh a' phairilis a dh'ionnsaigh Chriosd agus a chionn nach b' urrainn iad teachd am fagus da leis an t-sluagh rùisg iad mullach an taighe agus leig iad sios an leaba air an robh an neach a bha tinn leis a' phairilis".

Tha fios againn uile air dè thachair - mar a leighis Criosd an neach a bha tinn agus mar a bhruidhinn e ris na sgrìobhaichean. Ged a bha an nighean eagalach, bha iarrtas na cridhe faighinn na b' fheàrr, agus fhuair seo làmh-an-uachdair air a h-eagal, agus fhuair i leigheas fo làimh an lighiche.

Nach bi smuaint mar sin againne cuideachd – teagamhan: ach nach suarach an dragh 's an cùram a bhitheas oirnn seach an leigheas a tha gar feitheamh aig làimh Chriosd?

Cluinnidh sinn uaireannan na chosgas e dhuinn tionndadh gu Criosd. A' sealltainn a-rithist air suidheachadh na h-ìghne - bha i gu math co-fhurtail san leabaidh, bha a cuideachd a' frithealadh oirre, bha eòlaich a' tadhal oirre agus b' i cuspair an seanchais agus an truais.

Nach bi sinne mar seo gu spioradail? Tha sinn math gu leòr mar a tha sinn - daoine a' bruidhinn oirnn - agus mar sin. Tha sinn ann an claise de bhruidhinn dhaoine a tha a' còrdadh ruinn cho math 's nach eil sinn deònach iarraidh aisde. A' tionndadh gu Criosd, tha sinn a' call seo - ach 's e a' cheist an e call a th' ann. Tha Pòl ag ràdh anns an Litir chun nam Philipianach 1,21, nach e, ach gur e buannachd mhòr a th' ann. Tha Isaiah ag ràdh an aon rud ann an caibideil 55: "Thigibh chun an fhìor-uisge, gheibh sibh ri ithe agus ri òl na dh'fheumas sibh, gun airgead agus gun luach." A' ghairm a th' air a daingneachadh aig Criosd: "Thigibh am ionnsaigh agus bidh a' bheatha mhaireannach agaibh."

Carson a tha sinn cho uallachail agus saorsa 's leigheas cho faisg, cho dlùth dhuinn ach an iarraidh le ar n-uile chridhe? 'S e eòlas air Dia a tha gar neartachadh nar pearsa agus mar shluagh.

Salm LXVII, rann 2:

Chum fios do shlighe bhith gu fìor
'S gach uile thìr air bith;
Is iomradh air do shlàinte chaoimh
Measg fhineacha fa-leth.

16. Chan eil thu leat fhèin!

Tha mi creidsinn nach eil mòran air Ghàidhealtachd, Dòmhnallaich co-dhiù, nach cuala mu latha Inbhir-Lòchaidh. Seo an latha, an dàrna latha dhen Ghearran 1645, a dh'fhalbh na Dòmhnallaich air tòir nan Caimbeulach. Chaidh an Dòmhnallach fhèin a-mach as dèidh a chuid fhearaibh, ach cò chunnaic e pìos air ais air cùl chàich ach am bàrd ainmeil, Iain Lom? Chaidh e far an robh e agus dh'fhaighneachd e dheth: "Carson nach eil thusa a' giùlan armachd air mo sgàth-sa?" Fhreagair Iain Lom: "Ma thèid mise dhan chath 's gun èirich beud dhomh, cha bhi duine agaibhse a sheinneas ur cliù am màireach."

Tha am freagairt a tha seo a' toirt sùil dhuinn air mar a bha Iain Lom ga fhaicinn fhèin. Tha car dhen aon shealladh againn san t-Seann Tiomnadh air eachdraidh Eliah 's mar a bha e a' faicinn chùisean an uair a bha e a' bruidhinn ri Dia san uaimh air sliabh Horeb.

Thubhairt Dia ris: "Ciod e do ghnothach an seo, Eliah?" Thòisich Eliah air innse do Dhia mar a bha e agus an suidh-eachadh san robh Clann Israeil, agus na leisgeulan a bha aige airson a bhith san uaimh. Seo mar a thubhairt Eliah: "Bha mi ro-eudmhor airson an Tighearna, Dia nan slògh...mharbh iad na fàidhean agus dh'fhàgadh mise a-mhàin agus tha iad ag iarraidh m'anam chum a thoirt air falbh."

Nas fhaide air adhart sa chaibideil seo (19) de chiad Leabhar nan Rìghrean, tha Dia a' nochdadh a chumhachd agus a' sealltainn do Eliah mar a bha cùisean, agus tha E ag ràdh ris mar gum biodh: "Carson a tha thu cho uallachail, bheil de thoirt fainear agad idir gu bheil mise mothachail agus gu bheil mi air ullachadh a dhèanamh?"

Saoilidh mise gur e seo a tha briathran Dhè a' ciallachadh. Tha Dia ag ràdh: "Gidheadh dh'fhàg mi dhomh fhìn ann an Israel seachd mìle, na glùinean uile nach do lùb iad fhèin do Bhaal, agus gach uile bheul nach tug pòg dha." Seachd mìle, agus bha dùil aig Eliah nach robh air fhàgail ach e fhèin.

Seachd mìle air nach eil ainm againn. Chan eil ainm
againn nas motha airson nan companach a thug am fear air
an robh a' phairilis (Marcas 2) gu Criosd, mar tha Marcas ag
innse dhuinn. Nach robh fios acasan a cheart cho math 's a
bh' aig an fhear a bha tinn gu robh leigheas an Criosd?; agus
bha iad airson an caraid a chuideachadh, agus rinn iad rud-
eigin mu dheidhinn. Ma sheallas sinn air Soisgeul Lùcais,
10, chì sinn gun do chuir Criosd "deichnear agus trì fichead
eile agus chuir E lion dithis agus dithis roimh a ghnùis iad,
do gach baile agus àite gus an robh E fèin gu teachd". Chan
eil ainm aig Lùcas air aon diubh. Nas fhaide air adhart sa
chaibideil, aig rann 17, tha e air innse gun do phill iad le
gàirdeachas ag ràdh: "A Thighearna, tha na deamhain fhèin
fo smachd againne troimh t-ainm-sa."

Nach e smuain mhisneachail, neartmhor, aoibhneach a
tha seo? Ma thogas aon neach fianais air taobh Dhè an ainm
ar Tighearna Iosa Criosd, cha bhi e air dìochuimhne -
's dòcha gun ainm aig daoine, ach bidh ainm ann an Leabhar
an Uain. Agus tha e a cheart cho cinnteach nach tàinig is
nach tig linn nach bi fianais aig Dia.

An Salm LXXII tha an rann:

Bidh ainm-san buan gu suthain sìor,
Co-mhaireann ris a' ghrèin,
Is ann-san beannaichear gach slògh
Is beannaichear leò E fèin.

17. Cothrom dhan t-siol ghlan

Aig toiseach a' chogaidh mhòir mu dheireadh bha e air iarraidh air tuathanaich na b' urrainn dhaibh dhen talamh àiteach. Bha feum air biadh a bhith san rìoghachd seo fhèin, chionn bha a' mhuir air fàs cho cunnartach agus bàtaichean gan cur fodha.

Bha tuathanach an ceann-a-deas Alba a thòisich agus a rinn seo. Bha aon phàirce gu h-àraid aige nach robh treabhte airson àireamh mhòr bhliadhnaichean. Bha an talamh làidir ach fhuair e air a threabhadh le strì. Cheannaich e aol 's gach leasachadh eile a dh'fheumadh e, agus rinn e cinnteach gur e siol làidir a fhuair e. Chaidh an obair a chrìochnachadh agus le ùine thòisich fàs.

Aon latha, an uair a bha am fochann gu math mòr, thug e an aire gu robh lus mar dhroigheann a' fàs agus a' tachdadh an arbhair. Cùramach 's gu robh e, cha robh rathad nach e siol salach a fhuair e, agus ghabh e droch amharas air a' mharsanta - co às eile a bha an lus a' dol a thighinn? Cha robh e idir sa phàirce mun do thòisich iad. Bho rud gu rud chaidh an gnothach gu lagh. Chuir am marsanta eòlaichean a shealltainn air a' phàirce, ach dè fhuair iad an iomall na pàirce - talamh nach robh air àiteach - ach siol dhen lus? Chaill an tuathanach sa chùirt. Bha an siol a chuir e glan.

Tha an naidheachd bheag seo a' togail smuain a tha fìor chudthromach. Nach e seo a thachair dhuinne gu spioradail? Tha peacadh ann an talamh ar n-anam bho chiad chionta Àdhaimh ach chan eil e a' nochdadh gus an tòisich sinn air fàs ann an eòlas. Agus mura bi sinn glè fhaiceallach, tachdaidh e an t-eòlas math a tha sinn a' miannachadh. Ach dè tha ann am peacadh a tha cho sgriosail oirnn 's a bha an lus a bha siud an luib an t-sìl eile?

Tha Leabhar Aithghearr nan Ceist ga chur mar seo: "'S e peacadh easbhuidh cumail ris an lagh no bristeadh lagh Dhè." Tha sin soilleir agus sìmplidh gu leòr agus, chanadh sibh, furasda a sheachnadh, ach 's e seo an dearbh smuain a tha Sàtan a' cur nar cridhe - chionn 's, mura bi sinn nar fairreachadh, tha e nas fhasa dhàsan ar toirt an dara taobh, agus mun tig sinn thugainn fhìn tha sinn air thuar a bhith tachdte, mar a bha siol math na pàirce.

Nach e cion a bhith furachail a thug air Cloinn Israeil an laogh òir a dhèanamh agus tòiseachadh air adhradh dha - adhradh do dh'obair an làmhan fhèin? Fhuair Sàtan an cothrom air an droch shiol a dhùsgadh an uair a bha Maois air falbh sa bheinn a' còmhradh ri Dia (Ecsodus 32). Seallaibh air a' chòigeamh caibideil de Leabhar nan Gnìomharan. Chì sinn mar a bhrist Ananias agus a bhean Saphira am bòidean. Thubhairt Peadar: "Ananiais, carson a lion Sàtan do chridhe a dhèanamh brèige don Spiorad Naomh agus a cheiltinn cuid de luach an fhearainn?" Thubhairt Peadar an t-aon rud ri a bhean Saphira beagan nas fhaide air adhart sa chaibideil. Chaill iad le chèile am beatha.

Ach cha do dh' fhàg Dia sinn sa chunnart a tha seo. "Rinn e coimhcheangal gràis chum ar saoradh o staid peacaidh agus truaighe agus ar toirt gu staid slàinte tre Fear-Saoraidh" (Leabhar Aithghearr nan Ceist, 20). Tha Ciad Litir Eòin sa chiad chaibideil ag ràdh: "Glanaidh fuil Iosa Criosd sinn o gach uile pheacadh ... ma dh'aidicheas sinn ar peacaidhean, tha Esan fìrinneach agus ceart chum ar peacaidhean a mhaitheadh dhuinn agus ar glanadh o gach uile neo-fhìreantachd." Gheibh siol an t-soisgeil cothrom tighinn gu ìre nar beatha.

San Laoidh XLVIII tha an dara rann a' dol mar seo:

An Tì thug aon mhac air ar son,
Mar chobhartach don bhàs,
Nach toir gach tiodhlac eile dhuinn
'S an ceil E oirnn a ghràs?

18. Chan e 'n treabhadh ... ach an cliathadh

Air tuath ann an Siorrachd Pheairt thàinig an tuathanach aon mhadainn a-nuas dhan stàball far an robh an treabhaiche agus gille òg ga fheitheamh. Thubhairt e ris an treabhaiche: "Thoir thusa an làir dhan cheàrdaich airson a cruidheadh"; agus ris a' bhalach thubhairt e: "Thoir thusa am paidhir dhan phàirce fon rathad agus tòisich air a treabhadh."

Choimhead am balach air agus thubhairt e: "Mas e mise a tha dol a threabhadh na pàirce sin chan fhaic sibh gas arbhair a' fàs." "Coma leat", ars an tuathanach, "falbh thusa agus treabh i, agus cuimhnich nach e an treabhadh a tha a' dèanamh a' bharra ach an cliathadh."

Threabh am balach a' phàirce agus an uair a thàinig àm na curachd bha e beartaichte airson cliathadh. Dh'fhaigh-neachd e dhen tuathanach: "Cia meud cuairt dhe na cliathan a dh'fheumas mi dhèanamh?"

"Gus am bi e deiseil", ars an tuathanach. Bha pìosan a bha deiseil le dhà no trì sgrìoban agus bha pìosan eile a bha feum aca air tòrr a bharrachd, gus an robh an talamh air a phronnadh, freagarrach airson fàs an t-sìl, agus an tuath-anach riaraichte.

A' smaointinn air ais air a' chòmhradh ghoirid a bha seo, thàinig e gu m' aire gu robh e glè choltach ri suidheachadh gach aoin nar beatha spioradail. Gus gu fàs an siol math - sin facal Dhè - feumaidh ar beatha, ar smuaintean agus ar dòighean a bhith air an atharrachadh, chum gu faigh an siol freumhachadh agus na àm toradh a shealltainn. Chan eil neach a' call le atharrachadh, ach 's e th' ann ach buannachd - càite bheil sealladh cho brèagha ri achadh bhuana làn toraidh? Sin aon taobh dhen chùis.

Seall air an duine fhèin. Nach e a bhith a' cluinntinn facal Dhè ga shearmonachadh an treabhadh nad anam 's nad spiorad? 'S e an cliathadh ciamar tha sinne a' dol a ghabhail ris - feumaidh sinn freagairt dha air dòigh air chor-eigin. An siol a leigeil fodha no fhàgail am bàrr.

Tha Isaiah san t-siathamh caibideil agus aig an 11mh rann a' freagairt òrdan Dhè. "Cia fada, a Thighearna?" tha e a' faighneachd, agus anns na briathran a leanas gu deireadh na caibideil tha Dia mar gum biodh ag ràdh: "Gus am bi an talamh freagarrach." Feumaidh freumhaichean nan droch luibhean a bhith air am briseadh gu h-iomlan airson toradh math dhen t-siol cheart fhaighinn. Feumaidh an talamh - do bheatha-sa 's mo bheatha-sa - a bhith air a dheagh chliathadh.

Ma sheallas sinn air na deisciobail agus mar a fhreagair iad Iosa an uair a chuala iad a ghairm:

(a) Chuala Mata gairm Iosa is e na shuidhe aig bòrd na cìse; thubhairt E ris, "Lean mise", agus dh'èirich e agus lean e E. Cha robh feum ach air aon sgrìob dhen chlèith.

(b) Chuala Tòmas a ghairm agus chreid e agus lean e Iosa, ach cha robh e deònach a chuid 's a chrannchur air fad a chur an adhbhar Chriosd. Bha a bheatha-san feumach air tòrr sgrìoban dhen chlèith mun robh an talamh deiseil, agus an siol a leigeil fodha.

(c) Chuala Iùdas Iscariot a ghairm agus lean esan e fhèin Criosd ach cha robh e deònach a bheachdan atharrachadh - bha na freumhaichean na bheatha cho làidir. Ged a bha an talamh treabhte, bha e cho cruaidh 's nach robh fàs ann. Cha robh e deònach an siol a leigeil fodha.

Tha aig a h-uile neach ri freagairt air a shon fhèin - sean no òg gam bi e. Nach eil Criosd ag ràdh, "An neach nach eil leam tha e nam aghaidh"? Chan urrainn dhuinn a bhith eadar-dhà-lionn. Feumaidh sinn an taghadh a dhèanamh, an siol a leigeil fodha no fhàgail am bàrr.

Cuimhnicheamaid air an dàrna rann deug de Shalm LXXXV:

Is amhluidh bheir Iehòbhah dhuinn
Nì maith gu tòirbheartach;
Is bheir ar fearann is ar fonn
Deagh thoradh trom a-mach.

19. "Ge b' e nì a nì sibh, dèanaibh o ur cridhe e"

Bha èildearan uair-eigin a' cur air dòigh na h-eaglaise agus bòrd a' chomanaichidh airson na seirbheis Latha na Sàbaid. Bha grunnan dhiubh ann agus ann an ùine ghoirid bha dreach ùr air an eaglais. Bha fear dhiubh a bha uabhasach ceart na dhòigh, agus dh'fheumadh a h-uile dad a bhith na àite fhèin. Thigeadh e agus chuireadh e a shùil air iomall nan anart, agus dh'fheumadh iad a bhith sios an aon uidhir air a h-uile bòrd. Dh'fheumadh na stapaill a bha a' cumail nan anart a bhith uile cho dìreach ri urchair gunna air a chèile. Mura bitheadh sin mar sin, cha bhitheadh e fada gus am faigheadh e a-mach cò rinn e, agus dh'fheumte chur ceart.

Aon latha, an uair a bha an obair deiseil thubhairt cuideigin, "Seo e tighinn" agus an uair a thàinig e thubhairteadh ris: "Chan eil ann ach cosg ùine a bhith cho fìor mhionaideach sin. Cò bheir an aire an uair a bhitheas na daoine nan suidhe aig a' bhòrd?" 'S e am freagairt a thug e dhaibh: "Ma ghabhas tu dad os làimh a dhèanamh, bi cinnteach gum bi snas air an uair a bhitheas tu deiseil, agus gu h-àraid ann an taigh an Tighearna."

Tha cuid a dhaoine a tha mar seo – fir agus mnathan – chan e a-mhàin a bhith mionaideach nan obair ach sgiobalta, glan nan èideadh, agus loinn air am pearsa. Chan eil dad ceàrr air a sin; 's ann a tha e an rathad eile – dòighean as còir a bhith aig a h-uile duine. Ach 's e an gnothach dè an ùidh a tha agad anns na bheil thu a' dèanamh. A bheil thu mar seo air chor 's gun toir daoine an aire dhut? A bheil thu mar seo nad obair airson dè gheibh thu air a' cheann thall? Neo bheil thu mar seo air sgàth gum bi an obair fhèin air a dèanamh ceart?

Tha an ùidh seo fìor ann an smuain agus ann am facal a cheart cho math ri obair. Tha Criosd a' cur seo air shùileachadh da dheisciobail (agus dhuinne) an uair a tha E ag innse dhaibh dè tha gus tachairt dha. Tha Marcas ag innse mar a thubhairt E: "Is èigin do Mhac an Duine mòran de nithean fhulang agus a bhith air a dhiùltadh leis na seanairean agus na h-àrd-shagartan agus na sgrìobhaichean, agus a bhith air a chur gu bàs, agus èirigh a-rithist an ceann trì làithean." Agus rug Peadar air agus thòisich e air a chronachadh. Agus air dhàsan tionndadh mun cuairt agus amharc air a dheisciobail, chronaich E Peadar ag ràdh: "Imich air mo chùlaibh, a Shàtain, oir chan eil spèis agad do nithean Dhè, ach do nithean dhaoine."

Tha Pòl a' togail an aon phuing ri seo anns an treas caibideil dhe a litir chun nan Colosianach: "A sheirbheiseacha, bithibh umhail do ur maighstirean a rèir na feòla anns na h-uile nithean, chan ann le seirbheis–sùl mar an dream a tha a' toileachadh dhaoine, ach ann an treibhdhireas cridhe ann an eagal Dhè. Agus ge b' e nì a nì sibh, dèanaibh o ur cridhe e mar don Tighearna agus chan ann do dhaoine."

Cò chanas, matà, nach robh an t-èildear ceart?

"Suas an fheamainn!" –
obair air an robh muinntir Uibhist eòlach gu leòr

20. Stiùireadh air cosnadh, agus air caitheamh-beatha

Mar a bha a' tachairt gu math tric air feadh na Gàidhealtachd, agus nan eileanan cuideachd, ma bha clann air son an sgoil a leantainn, dh'fheumadh iad an dachaigh fhàgail aig aois gu math òg. Sin mar a thachair dhan bhalach seo ro àm an dàrna cogaidh. Bha e dhachaigh air saor-làithean agus cò thàinig chun an taighe ach am maighstir-sgoile. An dèidh beagan seanchais thionndaidh athair a' ghille ris agus thuirt e: "Chan eil fhios dè tha an duin' againne dol a dhèanamh." Ars am maighstir-sgoile, "Chan urrainn dhuibhse no dhòmhsa sin a ràdh." Agus a' tionndadh ris a' bhalach thuirt e: "Lean thusa an sgoil cho fada 's as urrainn dhut. Cuimhnich san latha th' ann an-diugh, faodaidh iad an t-seacaid a thoirt bho do dhruim ach ma tha d' ionnsachadh agad, chan urrainn do dhuine sam bith sin a thoirt bhuat."

Ma bha sin fìor còrr is leth-cheud bliadhna air ais tha e cheart cho fìor an-diugh. Bidh an naidheachd bheag seo a' tighinn nam inntinn gu math tric 's mi ag èisdeachd ri luchd-naidheachd a' bruidhinn air foghlam agus air na rudan a bu chòir a bhith dèanta. Chan eil fada bho chuala mi pàrant ag ràdh: "Leig leis a' chloinn an toil fhèin agus bheir iad a-mach an lag fhèin air a' cheann thall." Saoil sibh an robh fios aige dè bha e ag ràdh? Chan eil dad nas cinntiche ach gun toireadh iad a-mach an lag fhèin ... ach càite, no ciamar, no dè an lag? San latha a th' ann an-diugh tha foghlam cudthromach agus tha strì mhòr ann airson clann a theagasg, gus an uidheamachadh anns an liuthad teicneòlas a th' ann - strì cho mòr 's gu bheil sinn a' call sealladh air stiùireadh a thoirt seachad air dè tha ceart 's dè tha ceàrr, an t-eadar-dhealachadh eadar dreuchd agus a bhith seasmhach san dreuchd. 'S ann an uair a tha sin a' ruith ceart a tha foghlam a' dèanamh feum dhuinn. Bha seo air a theagasg uair-eigin.

Ma bheir sinn sùil air eachdraidh Mhaois, chì sinn gu robh e teagmhach mu feairt a thoirt air Dia an uair a nochd Dia dha gur e bh' air a thaghadh airson Clann Israeil a thoirt a-mach as an Èiphit. "Nach mise an Tighearna?"

tha Dia ag ràdh. "A-nis imich agus bidh mise le do bheul agus teagaisgidh mi dhut ciod a their thu." Bha aig Maois ri a thàlantan a leudachadh. Bha aige ris an obair a dhèanamh ann an dòigh a bha dìreach, ceart. Bha aige ri a stiùireadh a thoirt bho Dhia - èisdeachd ris agus ionnsachadh bhuaithe. 'S bha sin airson obair thìmeil agus shaoghalta a dhèanamh.

Tha Pòl ag ràdh ri Timoteus: "Àithn agus teagaisg na nithean seo ... bi thusa ad eisimpleir ... ann am facal ... ann an caitheamh-beatha ... ann an gràdh ... ann an spiorad ... thoir an aire do theagasg." An àite eile tha e ag ràdh ris, "Na nithean a chuala tu uamsa ... earb thusa ri daoine fìrinneach a bhios iomchaidh daoine eile a theagasg mar an ceudna."

A bheil sinne a' dèanamh ar dleasdanais ri ar cloinn agus gan teagasg ann am farsaingeachd na beatha - stiùireadh ann an caitheamh-beatha cho math ri stiùireadh air cosnadh?

Tha Criosd a' teagasg: "Ciod e an tairbhe do dhuine ged a choisneadh e an saoghal gu h-iomlan agus anam a chall?" Tha e a' comhairleachadh: "Iarraibh-se rìoghachd Dhè agus cuirear na nithean seo uile ruibh." Thig na h-uile nithean nan àm agus nan lag fhèin mar is còir.

Tha Salm XXV a' leagail bunait ar n-eòlais agus ar tuigse san ùrnaigh:

Foillsich do shlighe dhomh, a Dhè,
Ad' cheumaibh teagaisg mi
Is treòraich mi ad fhìrinn ghlain
'S mo theagasg dèan, a Dhè.

21. Bheil sinn gar faicinn fhìn mar a tha sinn?

Thug mi iomradh mar tha air Andromeda bho shean, nighean an Rìgh Cèpheus a bha cho mòr aisde fhèin agus cho cealgach na dòigh an àm taghadh a cèile. Bha i fhèin 's a màthair a' bòsdadh mu cho brèagha 's a bha i - eadhon na bu bhrèagha na na Nereids. Cha robh iad sin idir toilichte, agus le dòighean a bha aca san àm ud thug iad air tuil mhòir tighinn air rìoghachd Chèpheis, anns an robh uilebheist. Cha robh dòigh air an tuil agus an uilebheist a riarachadh ach gu feumadh iad Andromeda a thoirt suas mar ìobairt. Sin mar a thachair: chaidh Andromeda a cheangal ri creig gus an tigeadh an uilebheist ga h-iarraidh.

Cò thachair tighinn ach Perseus, agus chunnaic e an suidheachadh truagh a bha seo. Le spàirn mhòir mharbh e an uilebheist agus thràigh an tuil. Mar dhuais, fhuair e Andromeda mar mhnaoi. Chan e an aon bhoireannach a bh' ann an Andromeda an dèidh seo. Ghabh i eagal a cridhe agus uabhas; agus an taingealachd bha i na mnaoi cho dìleas, ceart agus uasal 's a bha aon air thalamh.

'S e sgeul bho shean a tha seo ach tha mi a' smaointinn gu bheil teagasg innte, agus teagasg a mhaireas gu siorraidh. Dè b' fhiach dhi bòidhchead, dè b' fhiach dhi a bhith na nighinn rìgh ann an lùchairt àlainn, agus de luchd-frithealaidh aice na dh'iarradh i - agus i ceangailte ri creig a' feitheamh a bàis 's gun dòigh air teicheadh?

Saoil sibh nach ann mar seo a tha Sàtan a' dèiligeadh ruinne? Tha e gar brosnachadh, ag innse dhuinn gu bheil sinn cho math, nach robh riamh na b' fheàrr 's mar sin air adhart. Aig an aon àm tha e a' dèanamh ullachaidh air cùl ar cinn gus ar corp 's ar n-anam a sgrios, gus ar cur a dhìth air Dia a thug dhuinn ar corp 's ar n-anam 's ar spiorad.

Bheil cuimhn' agaibh air eachdraidh Shamsoin? Chì sinn ann an Leabhar nam Breitheamhna, Caibideil 16 mar a thachair dha. Duine làidir, treun a bha a' seasamh còirichean Israeil agus a rinn euchdan mòra as an leth. Thàinig an droch bhoireannach Delilah na rathad agus thòisich i a' moladh a neirt. Fhuair seo gu Samson agus thòisich e air seanchas rithe gus mu dheireadh fhuair i a-mach bunait

a neirt. 'S na dhèidh sin cha robh tighinn às aige. Bhrath e
e fhèin. Aig a' cheann mu dheireadh chuimhnich e air
Dia agus ghlaodh e ris; agus ged a fhuair e bàs cha b' ann
aig làmhan nam Philisteach, agus na bhàs sgrios e mòran
diubh-san.

Ann an Soisgeul Lùcais, Caibideil 18, tha iomradh air an
Phairiseach a chaidh dhan teampall a dh'ùrnaigh. Bha e a'
toirt taing do Dhia nach robh e mar dhaoin' eile, gu robh e
gun lochd, 's gu robh e a' cumail ri lagh na h-eaglaise, agus
gu h-àraidh nach robh e coltach ris a' chìs-mhaor a bha san
teampall còmhla ris. Dè an t-eadar-dhealachadh mòr a bha
eadar e fhèin is Andromeda, no Samson?

Bheil sinne an-diugh gar faicinn fhìn mar a tha sinn?
Feumaidh sinn tighinn chun na h-ìre seo, agus tha i oillteil
an sealladh Dhè. Chan eil fuasgladh againn ach ar guth a
thogail an glaodh ri ar Dia, chan ann bho ar teangaidh ach
bho ar cridhe, agus a rèir a thoil-san gheibh sinn cobhair.

Ann an Salm XL tha na briathran seo:

Is thug e à slochd uamhainn mi,
A clàbar crèadha tiugh.

Chì mòran e 's fo eagal bi 'd
Is earbaidh iad à Dia;
'S beannaicht' an duine sin gu dearbh
Ni dòchas as an Triath.

58

22. Dìmeas bho chuid, urram bho chuid eile

Bha ministear ann an Cataibh a bha gu làidir dhen bheachd nach robh còir aig doras eaglaise a bhith dùinte air latha sam bith. Bha an taigh-còmhnaidh aige ri taobh na h-eaglaise, agus mar seo bha e furasda dha a bheachd a chleachdadh. Aon latha chunnaic e dithis, fear agus bean, a' dol a-staigh dhan eaglais, agus smaoinich e an dèidh beagan ùine gu rachadh e a-staigh, as an dèidh. An uair a nochd e a-staigh bha an dithis a' rùrach ann am preasaichean aig cùl na h-eaglaise, agus an uair a chunnaic iad am ministear a-mach a thug iad. Dh'atharraich e a bheachd.

Latha eile, dh'fhosgail e an eaglais airson a' ghaoth a leigeil troimhpe, ach bha e fhèin mun cuairt gus an deach èigheach air chun na fòn. An uair a thill e a-mach bha carbad na stad aig a' gheata. Choisich e air a shocair a-null. An uair a chaidh e a-staigh, bha fear agus a bhean agus dithis bhalach san treasdaidh-aghaidh, agus iad air an glùinean ag ùrnaigh.

An uair a sheallas sibh air dol-a-mach an t-saoghail an-diugh, nach ann mar seo a tha - cuid a' dèanamh dìmeas air creideamh Chriosd, agus cuid a' toirt urraim dha? Saoilidh sinn uaireannan gu bheil barrachd na aghaidh na tha leis, 's tha sinn buailteach a ràdh: "O, dè am math?" Tha sinn a' call ar misneachd. Chan e sin a tha am Bìoball ag innse dhuinn, na idir teagasg Iosa fhèin. Seall air eachdraidh Dhaibhidh ann an ciad leabhar Shamueil, agus mar a bha e air a mhisneachadh. A' dol air ais gu eachdraidh Mhaois san treas caibideil de dh'Ecsodus, "Cò mise", arsa Maois, "gu rachainn a dh'ionnsaigh Phàraoh agus gun tugainn Clann Israeil as an Èiphit?" Fhreagair Dia e: "Bithidh mise gu cinnteach maille riut." A' toirt leum air adhart, nach eil an dearbh sheanchas eadar Dia agus Gideon san t-siathamh caibideil de leabhar nam Breitheamhna (rann 11 agus rann 18)? Dia a' fosgladh dorais do na h-uile a chreideas ann. Nach eil Criosd fhèin ag ràdh: "Mise doras na crò", agus an àite eile, "Mise an t-slighe", agus a-rithist tha e gar beannachadh: "Ma tha sibh a' creidsinn ann an Dia, creidibh annamsa mar an ceudna." Dia tre Iosa Criosd a' sireadh gu doras ar cridhe fhosgladh. "Feuch, tha mi nam sheasamh aig an doras agus a' bualadh", tha Criosd ag ràdh. Am fosgail sinne an doras dha?

Taobh eile na cùise, mar a fhuair am ministear a-mach, agus a tha air a chur sios ann an Soisgeul Eòin - faclan Chriosd: "An tì nach tèid a-steach troimh an doras do chrò nan caorach is gadaiche agus fear-reubainn e. Cha tig an gadaiche ach a ghoid agus a mharbhadh agus a mhilleadh." Tha sin ri fhaicinn an-diugh cuideachd, ann an iomadh cruth.

Nach eil e math, ged tha, gu bheil eaglaisean fosgailte ann, agus dorsan fosgailte, agus eaglaisean ùra gam fosgladh, far am faod iadsan aig a bheil iarrtas air cuibhrinn de ghràs Chriosd cruinneachadh an ceann a chèile, gus urram a thoirt dha le seinn agus smuain, "chum gu fosgladh Dia dhuinn doras na h-ùr-labhraidh"? (Colosianaich 4, 3), mar a tha Pòl ag ràdh ris na Colosianaich.

Ann an Salm CXXII tha an rann:

Bha aoibhneas orm tràth thubhairt iad
Gu taigh Dhè thèid sinn suas,
Ad dhorsaibh, O Ierusaleim,
Ar cosa seasaidh fòs.

Eaglais Thogh, far am biodh Ailean ag adhradh na òige

23. Co air a tha ar sùil? Co ann a tha ar dòchas?

Ann an sgoil bhig ann am fear dhe na h-eileanan bha e mar chleachdadh an-dràsda 's a-rithist air feasgar Di-haoine cead a bhith aig a' chloinn uair no mar sin a chur seachad a' coimhead air seann leabhraichean-siubhail le an dealbhan agus eachdraidh air dùthchannan cèine. Bha ùidh mhòr aig a' chloinn anns na leabhraichean seo.

Aon fheasgar, thog fear dhe na gillean leabhar agus laigh a shùil air an dealbh *An Seann Mharaiche - The Ancient Mariner*. An ceann beagan ùine thuirt e ri a chompanach: "Seall thusa! Nach e a' mhuir a tha ciùin, agus am bàta mòr brèagha! Seall grian àrd nan speur, agus na siùil mun chrann. Nach e bhitheadh math a bhith oirre! Smaoinich thusa, cha bhitheadh car agad ga dhèanamh, ach nad shìneadh air an deic, a' gabhail na grèine." Choimhead a chompanach air an dealbh, ach 's e am freagairt a thug e: "'S e sin a chòrdadh riutsa, gun a bhith a' dèanamh car, ach ge b' oil leat feumaidh tu tighinn gu tìr uair-eigin. An ann a' dol ga h-iomramh a bhitheadh tu?"

Cha robh an gille ach a' coimhead air an dealbh. 'S e sin an suidheachadh aimsireil agus saoghalta. Ach nach eil e fìor mu shuidheachadh ar n-anma agus ar slàinte shiorraidh cuideachd? Air ar turas san t-saoghal seo nach e ar miannan a tha a' lìonadh ar siùil agus gar gluasad tarsainn cuantan na beatha? Tha sin a' dùsgadh na smuain: "Co air a tha ar sùil? Co ann a tha ar dòchas?" Dè tha sinne a' faicinn a bhitheas gu ar buannachd? Tha ceist a' dùsgadh ceist agus le sin faodaidh sinn a bhith air ar lìonadh le teagamhan, gus mu dheireadh tha sinn air ar tarraing mar gum b' eadh a-staigh do chuairteig as a bheil e a' sìor fhàs doirbh an tarraing a bhriseadh, gus mu dheireadh sluigidh e sinn. Bha Iùdas Iscariot còmhla ri Crìosd agus bha e na ionmhasair aige - inbhe aige an luib nan deisciobal. Bha Iùdas a' faicinn Chrìosd mar an rìgh a bha a' dol a shaoradh Israeil ... agus le esan air inbhe fhaighinn cho tràth an luib chàich, bha saoghal sona gu bhith aige. Bha am facal "rìgh" ga dhalladh cho mòr 's gu robh sgleò air a shùil 's air a thuigse.

61

Ann an Leabhar nan Gnàth-fhacal tha e air innse: "Marbhaidh miann an leisgein e, oir diùltaidh a làmhan obair a dhèanamh." Cha ruigeadh am balach a leas coimhead na b' fhaide na an dealbh. Cha ruigeadh Iùdas a leas an còrr a dhèanamh; bha e air a neo-ar-thaing. Dhìochuimhnich iad gu robh aca ri faighinn gu tìr nam b' urrainn dhaibh.

Tha am fàidh Isaiah ann an Caibideil 33 a' faicinn sealladh air dà thaobh na cùise: "Càit a bheil an sgrìobhaiche? Càit a bheil am fear-tomhais? Càit a bheil esan a ghabh àireamh nan daingneachan?" Sin aon taobh: mì-chinnt - agus an taobh eile tha an gealladh: "Bidh slàinte làidir, gliocas agus eòlas nan daingneachadh dod linn; tha eagal an Tighearna na ionmhas dha."

Tha Criosd a' cur na smuain seo gu math sìmplidh, mar a tha Mata ga innse: "Oir ge b' e àite sa bheil ur n-ionmhas, is ann an sin a bhitheas ur cridhe mar an ceudna." Dè cho fada 's a tha sinne a' coimhead romhainn 's a' dèanamh ullachaidh? Càit a bheil ar miann 's ar dòchas?

Ann an Salm LXXXIV tha an Salmaidh ag innse far a bheil a mhiann-san agus a dhòchas:

Tha m'anam fann aig meud a mhiann
Air cùirtibh Dhè gach lò,
Mo chridhe 's m' fheòil ri scairteachd chruaidh
'N geall air an Dia ta beò.

24. Sannt air a' phìos mhòr

Ann an sgoil bhig ann am fear dhe na h-eileanan bhitheadh a' bhana-sgoilear an-dràsda 's a-rithist ag innse beagan mu mhodh dhan chloinn. Bha dithis bhràithrean san sgoil, Iain a bha mu sheachd, agus Dòmhnall a bha naoi. Aon fheasgar bha am màthair gam feitheamh agus air truinnsear bha slios de dh'aran milis air chor-eigin aice ann an dà phìos, pìos beag agus pìos mòr. Nuair a thàinig na gillean dhachaigh thug am màthair làmh air an truinnsear agus thubhairt i: "Co aige nis a bheil am modh as fheàrr?"

"O, tha aig Dòmhnall", ars Iain, am fear beag, agus e a' togail leis a' phìos bu mhotha.

Sgialachd bheag chloinne, canaidh tu. Ach an e? Saoil nach eil seo fìor mu inbhich cuideachd? Nach eil sinne glè thric a' coimhead airson a' phìos as motha? Agus tha sin fìor nar dòigh-beatha - sin a bharrachd air na nithean a làimhsicheas sinn agus a tha faicsinneach. Nach bi feadhainn a' putadh gus sealladh nas fheàrr fhaighinn, no suidheachain nas fheàrr - mar gum b' eadh a' dol cho faisg air ceann a' bhùird 's as urrainn dhaibh. 'S e sin sannt air a' phìos mhòr.

Deasbad aig an Àrd Sheanadh,
far am bitheadh Ailean an làthair

Chan e rud ùr a tha seo. Nach tàinig màthair Sheumais agus Eòin gu Criosd a dh'fhaighneachd am faigheadh a mic cead suidhe aon air gach taobh dheth ann an Glòir (Mata 20)? Am pìos mòr, mar gum b' eadh. Bha prìs mhòr co-cheangailte ris an urram a bha i ag iarraidh, air nach do smaoinich i. Dh'innis Criosd dhi nach robh ùghdarras aige-san a h-iarrtas a ghealltainn do dhuine sam bith ach "dhaibh-san dam bheil e air ullachadh le m' athair".

Bha uair eile a bha Criosd air an rathad gu taigh Iaruis, agus stad E, agus dh' fhaighneachd E: "Cò a bhean rium?" Cò bh' ann ach boireannach truagh a bha air a sàrachadh a' falbh bho lighiche gu lighiche agus gun leigheas fhaighinn air an tinneas a bha ga truailleadh airson dusan bliadhna? Boireannach aig an robh creideas cho mòr ann an Criosd agus gu robh fios aice nan suathadh i eadhon na aodach gum bitheadh i slàn.

Nach mòr an t-eadar-dhealachadh a bha eadar an dithis bhoireannach sin? Aon ag iarraidh urraim agus aon ag iarraidh leighis. Chan eil dad ceàrr air urram ach tha tòrr ceàrr air a bhith a' sanntachadh urraim air sgàth an urraim fhèin agus bruidhinn dhaoine. Nach e sin a tha am Bìoball a' teagasg? Saoil cia meud uair a tha Criosd fhèin a' cur seo air shùilibh dhuinn? 'S e sin ar taice a chur annsan agus bidh gach nì chum maith agus a chum glòir Dhè an t-Athair.

Tha Pòl san dara litir chum nan Corintianach (Caibideil 12) a' sgrìobhadh: "Air a shon seo ghuidh mi an Tighearna trì uairean … agus thubhairt E rium, 'Is leòr mo ghràdh-sa dhut'." Dèanamaid ar dìcheall, agus co-dhiù bhitheas ar cuibhreann dhen aran mhilis mòr no beag, faodaidh sinn a bhith cinnteach gur e toil Dhè dar n-ionnsaigh, agus is leòr dhuinn e.

Tha Salm LXXXIV ag ràdh:

Oir 's grian 's is sgiath Iehòbhah Dia
Is bheir E gràs is glòir
'S cha chum e maith air bith on dream
Ghluaiseas gu dìreach còir.

25. Neart neo-fhaicsinneach

Bha cìobair uair-eigin ag obair sa mhonadh aig àm breith nan uan. Bha e air a rathad dhachaigh aon fheasgar an uair a thàinig e air caora aig an robh uan marbh. Leig e leatha; agus anns a' mhadainn thug e leis a dhà chù agus dìlleachdan uain a-mach dhan bheinn. Bha a' chaora far an do dh'fhàg e i, ach an uair a chunnaic i na coin a-mach gun tug i.

Bha na coin air an deagh ionnsachadh agus cha b' fhada gus an do chrò iad i air a' mhonadh lom. Bha fear dhe na coin math air trusadh agus am fear eile math air gleidheadh agus liùgadh. Seo am fear a chuir an cìobair mu a coinneamh, agus aon uair 's gun do ghlac a sùil e 's ann air a bha a faire, agus i a' toirt dùbhlain dha le bhith a' bualadh a cois cinn air an talamh.

Mu dheireadh, fhuair an cìobair cothrom air an dìlleachdan a chur ri a taobh, agus ged a bha i ga bhreabadh an toiseach cha b' fhada gus an robh e ga deoghal. Dh'fhàg an cìobair an cù mu a coinneamh agus dh'fhalbh e air a chuairt. An uair a thill e feasgar bha an cù, a' chaora agus an t-uan mar a dh' fhàg e iad; agus an uair a chaisg e an cù, dh'fhalbh a' chaora 's an t-uan air an socair agus iad le chèile toilichte nan staid.

Saoil dè na smuaintean a bha a' dol tro inntinn na caorach an uair a bha an dà mhadadh as a dèidh? Dà bhrùid a bha nan nàdar caoraich a mharbhadh no co-dhiù a reubadh. Nach i, na beachd fhèin, a bha sa chunnart? Cha robh air ach a h-aghaidh a chur air a' mhadadh a b' fhaisg' oirre. Co as a fhuair i an neart seasamh agus dùbhlan a thoirt seachad? Bha an neart do-fhaicsinneach, ach bha e ann agus bha i ga fhaireachadh. Cia meud uair a tha Criosd ag ràdh ri a luchd-èisdeachd: "Tha sibh mar chaoraich", agus cuideachd, "Mise doras na crò"? Bheil e cho doirbh a-rèisd smaointinn oirnn fhìn ann an suidheachadh na caorach seo? Dè na madaidhean a tha gar cuairteachadh? Cò an taobh a theicheas sinn? Bheil dòigh againn air cobhair fhaighinn san t-suidheachadh mhairbhteach, eagalach sa bheil sinn? Nach eil neart neo-fhaicsinneach againne cuideachd ... ach iarraidh?

Seall air an t-suidheachadh san robh a' bhean a ghlacadh ann an adhaltranas, mar tha Soisgeul Eòin ag innse. A rèir lagh nam Phairiseach, 's e a clachadh gu bàs a' bhinn chothromach. Dè na smuaintean a bha a' dol tro a h-inntinn? Fhuair i cobhair bho Iosa ann an dòigh a bha iongantach. Chan ann gun eagal, gun sàrachadh inntinn a bha i. Ach le Iosa aideachadh mar a Tighearna, fhuair i maitheanas bhuaithe. "Càit a bheil do luchd-casaid? An do dhìt duine sam bith thu?" dh'fhaighneachd E.

"Cha do dhìt aon duine, a Thighearna", fhreagair i.

"Cha mhò tha mise gad dhìteadh; imich romhad agus na peacaich nas mò", chomhairlich Iosa.

Ma thilleas sinn air ais chun na caorach - bha a' chaora 's an cù, no am madadh, fo smachd a' chìobair. Bha a' bhean agus na Phairisich fo smachd Chriosd. Tha uile chumhachdan an t-saoghail fo smachd an aoin Dè bheò agus fhìor, agus 's e obair a fhreasdail-san a bhith a' coimhead agus a' riaghladh nan uile chreutairean, 'nan uile ghnìomharaibh, gu ro-naomh, gu ro-ghlic agus gu ro-chumhachdach.

Nach ann mar sin bu chòir dhuinne a làthaireachd iarraidh nar beatha? Dèiligidh E ruinn a chum maith - 's dòcha nach ann mar a dh'iarras sinn, ach bidh e a rèir a thoil-san "dan lèir na h-uile nithean".

Tha rann ann an Salm XL mar seo:

Chì mòran e 's fo eagal bi'd
Is earbaidh iad à Dia,
'S beannaicht' an duine sin gu dearbh
Ni dòchas as an Triath.

26. Eaglais bheag is eaglais mhòr – agus cuspair an adhraidh

Mar tha fios aig a h-uile duine chaidh mòran Ghàidheal a-null a Chanada aig toiseach an fhicheadamh linn, agus lean na seann chleachdaidhean iad. Ann am Montreal thog cuid dhiubh eaglais bheag air son suas ri dà cheud pearsa, ged nach b' aithne dhaibh an àireamh sin aig an àm. Bha fear a Beinn a' Bhadhla sa bhuidhinn a chuir mu dheidhinn na h-obrach seo agus a rinn i. Ri ùine bha an togalach ro bheag agus thog iad eaglais eile a-mach a ceann na seann tè - eaglais a bha na bu mhotha, le àirneis shìmplidh dhòigheil agus leis gach goireas a dh' fheumadh iad.

Gu h-ìseal bha talla mòr agus seòmar beag eile far am bitheadh cruinnichidhean as gach seòrsa aca. An uair a bha an togalach seo deiseil chreic iad an t-seann eaglais ri coithional de chreideamh eile. Fhad 's is fiosrach dhomh cha tàinig facal ceàrr a riamh eatarra. Tha seirbheisean san eaglais ùir chun an latha 'n-diugh le coithional às gach seòrsa, as gach ceàrn agus dhe gach dath.

Bha sinn o chionn ghoirid ann am baile ann an Sasainn agus chaidh sinn a-staigh do dh' eaglais mhòir a' bhaile. Bha i eireachdail, le glainne dhathte anns na h-uinneagan, suidheachain air an snaidheadh, solais àraid 's mar sin air adhart. An siud 's an seo bha clàr-cuimhne ag innse mu chuid-eigin a bha ainmeil ann am beatha na h-eaglaise, agus seo uaireannan ag innse cò chuir suas an clàr.

'S e thàinig a-staigh orm cho eadar-dhealaichte 's a bha an dà eaglais. 'S e an aon fheum a bha daoine a' cur orra, ach bha sgeadachadh àraid air an eaglais Shasannaich. Saoilidh mi gu bheil teagasg anns an eadar-dhealachadh seo. Bha an dà eaglais air an togail gu bhith nam meadhan far an cruinnicheadh daoine gus adhradh a dhèanamh còmhla do ar Dia, an Dia a chruthaich nèamh agus talamh; agus sinne agus cothrom a bhith againn tighinn gu follaiseach an ceann a chèile an ùmhlachd do a thoil agus do a àitheantan.

San dàrna tè tha daoine a' faireachadh cho làidir mun eaglais, agus a' cuimhneachadh cho daingeann 's a sheas dlùth chàirdean is eòlaich, nach eil maireann a-nis, air taobh a' chreideimh Chriosdail agus gu bheil iad a' comharrachadh seo le clàr-cuimhne. Nis, 's e rud math a tha seo. Nach bi sinne a' leigeil as ar cuimhne an strì a rinn ar n-aithrichean airson gum bitheadh saorsa adhraidh aig an sliochd, agus gar cur nar faireachadh gu feum sinne bhith a cheart cho daingeann 's cho furachail?

Ach tha taobh eile ann. Ann an eaglais mar seo far a bheil cuimhneachain phearsanta, tha daoine buailteach air a bhith a' smaointinn air na daoine a dh' fhalbh agus air na clàir-chuimhne, agus tha an inntinn mar sin a' lionadh leis na nithean sin agus chan ann leis an adhbhar airson a bheil iad a' cruinneachadh an ceann a chèile. Cuimhnicheamaid air teampall Sholaimh agus cuideachd air na sionagogan an àm Chriosd agus air an dol-a-mach a bha aca. Feumaidh sinn, agus gu h-àraidh an-diugh, sealladh cothromach a bhith air ar beatha 's air ar n-adhradh.

Dè tha Criosd ag ràdh? Nach e seo? "Far a bheil dithis no triùir cruinn ann am ainm-sa tha mise ann an sin." Mar sin, a dh'aindeoin cho tlachdmhor 's a chuairticheas sinn ar n-àite cruinnichidh 's e tha a' cunntais ciod e cuspair ar n-adhraidh. Tha na rainn seo ann an Salm XLVI:

r. 10
Bibh sàmhach 's tuigibh gur mi Dia,
Àrdaichear mi gu sìor
Am measg nan sluagh; biodh urram dhomh
Air feadh gach uile thìr.

r. 11
Tha Dia nan sluagh ri còmhnadh leinn
'S an còmhnaidh air ar crann;
Is e Dia Iacoib 's tèarmann duinn,
Dar furtachd anns gach àm.

27. Cruthachadh Dhè – a bheil e na thlachd dha fhèin?

Chan eil fios agam co-dhiù tha an sgialachd bheag seo fìor gus nach eil. Tha e air aithris co-dhiù gun do thachair bàrd Sgitheanach agus bàrd Uibhisteach ri chèile ann an ceann-a-tuath an Eilein Sgitheanaich, agus mar bu dual thòisich iad air tarsaingeachd. Thubhairt an Sgitheanach: "Càit am faic thu àite nas brèagha no nas fheàrr na seo? Seallaidhean mòra timcheall ort. Seall air leothaidean na Cuith-fhraing lem fraoch 's am feurach 's an stoc. Seall air na croitean beartach 's am fàs a tha orra. Seall air na taighean dreachmhor. Seall air do cheithir thimcheall. Agus chì thu Uibhist fhèin air taobh eile na mara." Fhreagair an t-Uibhisteach: "Tha beagan dhen fhìrinn agad gun teagamh. Tha Uibhist nas brèagha a' coimhead thuige na a' coimhead bhuaithe."

Bitheadh sin mar a bhitheas. Tha an sgialachd bheag seo a' dùsgadh na smuain gun do *chruthaich Dia an saoghal* le dreach agus le feumalachd agus sin gu ro mhath air son beò-shlàint a' chinne-daonna, a chum agus le dìcheall gu mealadh iad e; agus gun tugadh iad taing do Dhia le ùmhlachd air son an suidheachaidh, an goireasan agus an cothroman.

An e seo a tha sinne a' dèanamh? Nach eil an saoghal air a thruailleadh againne ann an iomadh dòigh? *Chruthaich Dia an duine*, fear agus bean, a rèir iomhaigh fèin, ann an eòlas, fìreantachd agus naomhachd, le uachdranachd os cionn nan creutairean. Tha an duine, na laige, gu tric a' dèanamh dìmeas air obair a' chruthachaidh ann a bhith a' milleadh agus le cion suim a' leigeil goireasan a dholaidh, agus a' leigeil cothroman seachad. Tha sin furasda a ràdh mu dhaoin' eile, ach dè tha sinn fhìn a' dèanamh an uair a choimheadas sinn mar ceart thimcheall, ge b' e càite bheil sinn? Cha fhreagair a' cheist sin ach mi fhìn agus sibh fhèin. Co ann a tha sinne a' cur ar tlachd?

Dè tha Dia a' faicinn an uair a choimheadas E tarsainn na mara, tarsainn na sgàile, air an t-saoghal agus air an duine a chruthaich E? Am bi E toilicht' as na chì E? Chuir

69

E teachdairean gu Cloinn Israeil, gu Iùdhaich agus gu Cinnich, ach cha do ghabh daoine riutha. Mu dheireadh chuir E a mhac thuca. Tha cosamhlachd air seo ann an Soisgeul Mhata (Caib 21, 33) - far a bheil e air innse dhuinn gun do mharbh muinntir an fhion-lios E.

Chan urrainn dhuinne aig an àm-sa gun a bhith a' smaointinn air na làithean sònraichte a tha cho faisg oirnn - làithean na Càsga agus na h-Aiseirigh, a tha a' dearbhadh gun tug Criosd buaidh air an uaigh, agus nach eil buaidh aig a' bhàs chorporra air ar spiorad no air ar n-anam ma tha sinn a' creidsinn. Tha Pòl ag ràdh ris na Galàtianaich: "Ach nar leigeadh Dia gun dèanainn-sa uaill ach ann an crann-ceusaidh ar Tighearna Iosa Criosd."

Tha Dia fad-fhulangach agus pailt ann an gràs. Tha E ullamh gus ar peacaidhean a mhaitheadh dhuinn ma thig sinn ga ionnsaigh ann an spiorad an aithreachais. Tha àm na Càsga a' foillseachadh dhuinn chan e a-mhàin meudachd ar seachranachd ach cuideachd meudachd do-thomhas gràdh Dhè do ar taobh - agus sin tre a mhac gràdhach fhèin, Iosa Criosd, air àrdachadh na Aiseirigh. Thigeamaid ga ionnsaigh, matà, chan ann le othail an t-saoghail, ach gu ciùin, le moladh, le gàirdeachas agus le cinnt gu faigh an cridhe brùite furtachd ann an geallaidhean ar Slànaigheir.

28. An cluinn sinn dìreach na thogras sinn?

Leugh mi, agus is cinnteach gun do leugh agus gun cuala gu leòr agaibhse, an sgialachd bheag mu dheidhinn ministear Gàidhealach a bha uaireigin ann an Corstorphine. Bha sin an uair a bha Corstorphine na bhaile beag dha fhèin, agus tuathanaich bheaga agus mhòra timcheall air. An t-seachdain a bha seo smaointich am ministear gun dèanadh e searmon air mucan Ghadairin, agus air chor 's gum bitheadh a h-uile nì ceart, chaidh e gu lighiche-sprèidhe Gàidhealach a bh' ann an Dun Èideann airson eòlas fhaighinn air beatha agus dòighean mhucan.

Rinn e an searmon agus dh'fhairich e gun d' fhuair e èisdeachd cho blàth, tarraingeach, tairbheach 's a fhuair e riamh roimhe. Di-luain fhuair e fios o chuideigin ag ràdh cho math 's a chòrd an searmon ris agus a' faighneachd rud-eigin mu dheidhinn bochdainn a bh' air muic a bh' aige. Stiùir e an duine gu a charaid ann an Dun Èideann. Thàinig fiosan mar seo thuige uair is uair Di-luain agus Di-màirt. 'S ann Di-ciadain a thàinig e thuige fhèin agus a thuig e gun do chuir a luchd-èisdeachd barrachd ùidh anns na bha aige ri ràdh mu na mucan 's na chuir iad anns an teagasg a bha san t-searmon fhèin.

Dè cho tric 's a tha seo a' tachairt ann an eaglaisean an latha 'n-diugh! Tha gach aon a' dol dhan eaglais a' sireadh stiùireadh o chumhachd as motha na e fhèin, a chionn 's gu bheil e a' faireachadh cion na bhodhaig nach eil air a shàsachadh na obair làitheil. Ged tha sin mar sin, a bheil sinn a' cluinntinn no a' leantainn na thathar a' ràdh ann an ùrnaigh agus ann an searmon? Bheil e fìor mu ar deidhinn-ne nach cluinn sinn ach an rud a thogras sinn fhìn?

Tha Criosd, ann an Soisgeul Mharcais, a' toirt an dearbh shuidheachaidh seo gu aire a dheisciobal: "Air dhuibh sùilean a bhith agaibh, nach faic sibh? Air dhuibh cluasan a bhith agaibh, nach cluinn sibh?"

Bheil cuimhn' agaibh gun do bhiadh Criosd le miorbhail aon uair còig mìle neach, agus uair eile ceithir mìle? Tha Eòin ag innse dhuinn: "An sin an uair a chunnaic na daoine sin am miorbhail a rinn Iosa, thubhairt iad: "Gu fìrinneach is e seo am fàidh a bha gu teachd chum an t-saoghail."

Cha robh Criosd toilicht' as na briathran seo idir. An ath latha bha sluagh mòr ga fheitheamh ri taobh na mara. Tha Eòin a-rithist ag innse dhuinn gun tubhairt Criosd: "Gu deimhinn, deimhinn tha mi ag ràdh ruibh, tha sibh gam iarraidh chan ann a chionn gum faca sibh na miorbhailean ach a chionn gun do dh'ith sibh dhe na buileannan agus gun do shàsaicheadh sibh."

Saoil sibh a bheil ceangal sam bith aige seo ri mar nach eil, a rèir coltais, uimhir a' dol dhan eaglais an-diugh seach mar a chleachd?

Nach eil sinn a' cluinntinn nan rudan a tha sinn airson a chluinntinn?   Bheil sinn air ar luadh gu bhith a' creidsinn gu bheil ar cor làitheil nas cudthromaiche na ar cor spioradail?

'S e sin gèill a thoirt do na bheil Criosd a' teagasg dhuinn. Cha dèan an taghadh ach mi fhìn agus sibh fhèin. A bheil sinne a' cluinntinn le ar cluasan?

Solas na beatha

29. Treòrachadh gu fasgadh tro fhairge na beatha

Tha mi a' creidsinn nach eil mòran air an taobh an iar nach cuala mun *Loch Seaforth*, bàta Mhic a' Bhriuthain a bha bliadhnaichean air an aiseig eadar Caol Loch Aillse agus Steòrnabhagh. Beagan ùine an dèidh dhi tighinn bha iad le droch latha a' dèanamh deiseil airson seòladh as a' Chaol aig trì uairean feasgar. Bha a' ghaoth ag èirigh, bha sìor-uisge ann agus cha mhòr nach robh i dorcha.

Dh'fhalbh iad aig an uair. Air an t-slighe bha an fhairge mòr, agus aon uair bhuail cnap uisge i. Dh'fhalbh i air a cliathaich le turraraich a bha uabhasach. An sin bha balbhadh ann agus greis de shàmhchair. Bha dà oifigeach air an drochaid, Barrach agus Leòdhasach, agus thubhairt an dàrna fear ris an fhear eile: "Saoil a bheil i dol a thilleadh?" Ach le sin thòisich i air tilleadh agus mu dheireadh shuidhich iad air an cùrsa a-rithist.

Beagan ùine as dèidh seo thug iad an aire do sholais bàta eile agus a rèir mar a bha i a' dol cha b' fhada gus am biodh i air a' chladach. Chuir iad fios thuca gu robh iad gu bhith ann an cunnart agus thàinig freagairt air ais gun do thog iad am fiosrachadh agus gu robh iad ag iarraidh stiùireadh. 'S e am fios a chuir an *Loch Seaforth* thuca: "Lean mise." Rinn iad sin agus ràinig iad Steòrnabhagh, agus fasgadh.

'S e bàta Greugach a bh' innte. Dh'fhuirich iad san fhasgadh gu madainn; rèitich agus sgioblaich agus ghlan iad am bàta, agus dh'fhalbh iad sios tron Chuan Sgìth leis an latha gheal. Nach iad oifigich na *Loch Seaforth* a bha rim moladh, a chionn ged a bha iad fhèin ann an cunnart thug iad an aire do dh'fheadhainn eile a bha gus a bhith na bu mhiosa, agus chuidich iad iad.

Tha mise a' smaointinn gu bheil fiosrachadh mòr anns an naidheachd seo. Seall air turas Chriosd. Bha Hèarod as a dhèidh na òige airson a sgrios. Agus fad a bhliadhnaichean teagaisg bha na sgrìobhaichean, na Phairisich agus luchd-dreuchd nan eaglaisean air a thòir. Cha do chum sin E gun a làmh a shìneadh a-mach gu bochd agus beartach, gu slàn agus tinn, gu peacaich agus truaghain, agus E ag ràdh riutha, "Lean mise"; agus gach aon a dh'iarr stiùireadh air thug E gu fasgadh iad. Tha Criosd tro a spiorad mar seo, mar a bha, mar a tha, mar a bhitheas gu siorraidh, a' sìneadh a-mach a làimhe agus gar treòrachadh gu spioradail tro fhairge ar beatha 's gar toirt gu fasgadh aig bonn a' chroinn-cheusaidh, far a bheil fois agus sìth - gu saor dhuinne ach gu daor dhàsan.

An uair a bheir sinn beagan ùine an sin, le taingealachd, aideachadh is aithreachas, tha taigh ar beatha air a rèiteach, air a sgioblachadh agus air a ghlanadh. Beag air bheag tha an oidhche a' tionndadh gu latha, an dorchadas gu solas, agus tha sinn a' falbh air a' chuid eile dhe ar turas le ùrach-adh agus soilleireachd nach robh againn roimhe.

Ann an Laoidh XXX tha an rann:

Mar sin ni dealradh gnùis ar Dè
Ar n-anma aoibhinn ait;
Fògraidh e duibhre 's doilgheas uainn
Is ni sinn uaill gun airc.

30. Ar beatha mar lios

Mun àm seo dhen bhliadhna tha a' churachd gu ìre bhig seachad. An uair a sheasas tu a' coimhead air a' ghàradh agus a' ghlasraich a' gobachadh gu math, canaidh tu riut fhèin gum b' fhiach e an t-saothair an gàradh a ruamhar ceart - mar a thog thu a' chiad sreath agus a chuir thu an ùir chun a' chinn eile, mar a chuir thu an spaid fodha chun an sgonnain agus mar a thionndaidh thu ploc an dèidh pluic - a chasan os a chionn - a' dèanamh cinnteach gu robh a h-uile buinnteag, fliodh, cuiseag agus smodal eile air an cur fodha gu math, agus aig an aon àm a' dùsgadh, mar a chanas sinn, talamh glan chun an uachdair. Bha a' chlais mu dheireadh air a dùnadh le ùir na ciad sreatha.

Tha sin aimsireil. A' sealltainn ri ar beatha, nach eil i mar lios? Tha sinn le ar toil fhìn a' leigeil leatha lìonadh le gnothaichean tìmeil neo-mhaireannach agus 's dòcha le smodal as gach seòrsa gus nach eil àite againn do nithean a tha maireannach agus siorraidh. A dh'aindeoin ar dìlseachd chan eil sinn sàsaichte no riaraichte. Glè thric tha ar smuaintean a' tionndadh agus cuimhnichidh sinn, le nàire agus aithreachas, air faclan a chuala sinn nar n-òige: "Dhia, cruthaich annam cridhe glan, ath-nuadhaich spiorad ceart ..." Chan eil an seo ach toiseach tòisichidh, agus ma tha sinne gus na briathran seo a leantainn agus gus an toirt gu buil, tha againn fhìn ri bhith uile-dheònach agus deiseil gu stiùireadh ar Tighearna Dia a leantainn. Nach tubhairt an t-Abstol Pòl: "Shuidhich mise, dh'uisgich Apollos, ach is e Dia a thug am fàs"?

Bha an gealladh seo ann an toiseach - ri Nòah, ri Abrahàm, ri Gideon, agus mar sin air adhart. Cha dèan sinn an t-atharrachadh leinn fhìn idir. Cha ruamhair thu an gàradh gun spaid. Mar is doimhne chuireas sinn fodha ar peacaidhean 's ann as glaine a bhitheas na smuaintean agus na dòighean a thig nan àite, agus sin le cruth-atharrachadh spiorad Dhè. Dia le a chumhachd a' tionndadh an uile gu toradh agus maith, agus sin air a thairgsinn dhuinne saor agus an asgaidh tro ìobairt a' chroinn-cheusaidh. Thug Criosd òrdugh agus gealladh do a dheisciobail fhèin, "Uime sin imichibh-se agus dèanaibh deisciobail de gach cinneach ... tha mise maille ruibh a ghnàth, gu deireadh an t-saoghail." Chan e sabaid aon bhliadhna a tha ann ar peacaidhean a sgrios ach strì a h-uile bliadhna, seadh, agus a h-uile latha. Nach ann an gealladh Chriosd a tha am misneachadh agus an neartachadh!

Tha smuain eile ann cuideachd - a' chiad sreath a dhùisg sinn sa ghàradh. Chan urrainn sinne a bhith cho buileach agus gum bi na luibhean a bha oirre air an cur fodha air fad. A h-uile uair a thionndaidheas sinn nach eil iad romhainn sa chiad sreath? Nach e seo ar suidheachadh a thaobh ciad pheacadh Àdhaimh? Tha Leabhar Aithghearr nan Ceist ag innse dhuinn: "Air bhith don choimhcheangal air a dhèanamh ri Àdhamh chan ann a-mhàin air a shon fhèin ach air son a shliochd, an cinne-daonna uile uime sin a

Beachd eile, aig an Àrd Sheanadh

thàinig uaithe tre ghinealach gnàthaichte, pheacaich iad ann agus thuit iad leis na chiad chionta." Nach ann mar sin a dh'fheumas sinn a bhith air ar n-earal nach leig sinn an t-olc ma sgaoil?

Tha mi dhen bheachd gu bheil Pòl a' cruinneachadh nan smuaintean seo gu chèile gu h-aithghearr an uair a tha e ag ràdh ris na Ròmanaich: "Agus na bithibh air ur cumadh ris an t-saoghal seo: ach bithibh air ur cruth-atharrachadh tre ath-nuadhachadh ur n-inntinn a chum gun dearbh sibh ciod i toil mhath thaitneach agus dhiongmhalta sin Dhè."

31. Stiùireadh na sgoth bige

Air Oidhche Haoine, an deicheamh latha fichead dhen Fhaoilleach 1953, dh' fhalbh am bàt-aiseig an *Loch Mòr* a Loch Baghasdail, a' dèanamh air Malaig. Sin oidhche na stoirm mhòir an uair a chaidh am *Princess Victoria* a-dhìth sa Chuan Eireannach. Air an tilleadh do Loch Baghasdail Oidhche Luain bha fear dhe na h-oifigich, Barrach, a' bruidhinn ri eòlaich air a' chidhe. Thubhairt fear dhiubh ris: "Nach sibh a fhuair ur crathadh Oidhche Haoine a' dol tarsainn?" Fhreagair an t-oifigeach: "Bha i dona gun teagamh, ach cha robh i cho dona 's a shaoileadh tu fhad 's a dhèanadh tu stiùireadh na sgoth bige oirre." Dh'ionnsaich am Barrach dòigh-marachd na òige an geòlaichean is eathraichean iasgaich bho chuideachd, a bha nam maraichean. An èiginn na fairge an oidhch' ud chuir e an t-eòlas a bha seo gu feum - eòlas a thug iad gu sàbhailteachd a' chinn-uidhe.

Tha mi a' smaointinn gu bheil an naidheachd bheag seo a' togail rud a tha gu math cudthromach san latha th' againn an-diugh mu ar dòigh-beatha agus mar tha beachdan ùra a' cur dòighean a tha fìor fheumail agus riatanach an dara taobh. Tha seo nas follaisiche nar n-adhradh agus ann an gnothaichean spioradail seach nì eile. Tha buaireadh ann a tha a' toirt a chreidsinn oirnn gu bheil gnothaichean ann nas fheumaile dhuinn na Dia, agus a gheallaidhean.

Thubhairt Ieremiah ri Dia: "Feuch, chan urrainn dhòmhsa labhairt, oir is leanabh mi." Fhreagair an Tighearna: "Na abair 'is leanabh mi' ... ciod sam bith a dh' àithneas mi dhut labhraidh tu. Na bitheadh eagal ort, oir tha mise maille riut chum do theàrnadh." An t-ionnsachadh òg a' tòiseachadh air a' bhunait cheart. Seall a-rithist air Marcas a sgrìobh an Soisgeul - a' chiad soisgeul a chaidh a sgrìobhadh ged is e an dàrna fear sa Bhìoball. Ghabh esan thuige fhèin na chuala e 's na chunnaic e na òige.

Tha Criosd, ann an Soisgeul Mhata, Caibideil 19, ag ràdh: "Fuilingibh do na leanabaibh agus na bacaibh dhaibh teachd am ionnsaigh, oir is ann d'an leithidean sin a tha rìoghachd nèimh." An dèidh sin chuir E a làmhan orra.

Clann, a tha dar cnàmhan, fuil is feòil, dè tha sinne ag ionnsachadh dhaibh? Tha e glè mhath a bhith a' cur na cloinne dhan sgoil agus dhan sgoil-Shàbaid, ach dè tha iad a' faicinn? Bheil thusa, ma dh'fhaodas mi sin a ràdh, agus mise a' cleachdadh nan rudan a chunnaic 's a dh'ionnsaich sinn fhìn nar n-òige? Bheil a' chlann a' smaointinn nach eil e gu diofar co-dhiù a chleachdas no nach cleachd iad an t-ionnsachadh an uair nach fhaic iad am pàrantan agus inbhich ga dhèanamh? Nach e smuain chudthromach a tha sin? Càit an deachaidh stiùireadh na sgoth bige? Tha eisimpleir a cheart cho cudthromach ri ionnsachadh.

Bheil sinne a' creidsinn briathran Dhè ri Ieremiah? Tha iad air an cur sios ann an dòigh eile ann an Salm LXXXIV, rann 5:

'S beannaicht an duine sin dham bheil
Annad-s' a neart gach là;
An dream dham bheil na chridhe staigh
Do shlighe fèin a ghnàth.

32. An t-slat, a' gheug òr-dhealrach

Bha mi a' coimhead air lios san fhoghar seo chaidh agus chunnaic mi flùr a' smèideadh os cionn chàich. Dh'aithnich mi e air ainm Beurla - *Golden Rod* - ach a' feuchainn ri seo a chur an Gàidhlig, chaidh iomadh smuain tro mo cheann. Air a' cheann thall bha fios agam nach robh "an t-slat òir" freagarrach, na idir "an t-slat phrìseil", ged is tric a bhitheas "òr" air eadar-theangachadh a' ciallachadh "prìseil" no "luachmhor".

Tha iomadh iomradh againn air "slat" anns a' Bhìoball. Seallaibh air a' chunntas a th' againn ann an Ecsodus Caib. 4 agus Caib. 7 far a bheil Dia a' nochdadh a chumhachd, a' misneachadh Clann Israeil air an t-slighe a-mach as an Èiphit. Bha an t-slat, an nathair nimhe, a dh'iarr Dia air Maois a thogail air earball, na slat-stiùiridh air an t-slighe gu Tìr a' Gheallaidh. Seall a-rithist air mar a thug Dia tre shlat Mhaois uisge as a' chreig san fhàsaich, mar tha Leabhar nan Àireamhan, Caib 20, ag innse. An t-slat chan ann a-mhàin gan stiùireadh ach a' dèanamh cobhair air a shluagh agus air an cuid sprèidh nam feuman.

Ma thig sinn air adhart gu Isaiah, tha a' chiad earrann ann an Caibideil 11 ag ràdh "gun tig geug a-mach o bhonn Iese, agus fàsaidh faillean suas as a freumhan". Tha an fhàidheadaireachd a' dol air adhart a dh' innse dhuinn dè a' gheug, no an t-slat, a tha seo, agus na nithean a tha a' dol a thighinn gu buil. Slat air a bheil nithean mòra an crochadh. Tha Ieremiah ann an Caibideil 10 agus a-rithist ann an Caibideil 51 ag ràdh: "Cha chosmhail riutha seo cuibhreann Iacoib oir is Esan fear-cumaidh an domhain agus is e Israel slat oighreachd: Tighearna nan Sluagh as ainm dha." Dia tre Ieremiah a' daingneachadh a' gheallaidh a nochd E tre Isaiah gu robh fear-stiùiridh agus fear-cobhair a' tighinn airson fuasgladh a dhèanamh air glasan a' bhraighdeanais a thug an sluagh orra fhèin tre bhith a' gèilleadh do dhòighean Shàtain - slighe a bha gan toirt gu bearradh a' bhàis shiorraidh.

Thàinig seo gu buil an làthair dhaoine ann am Betlèhem: Criosd, aon mhac Dhè, dara pearsa na Diadhachd, ga nochdadh fhèin an cruth duine. "Duine", mar a chruthaich Dia, athair, aig toiseach an t-saoghail. Iosa na fhear-stiùiridh, na fhear-cobhair, na fhear-saoraidh do phoball taghte Dhè, Iosa a thubhairt mu dheidhinn fhèin: "Is mise an t-slighe agus an fhìrinn agus a' bheatha. Cha tig aon neach chum an Athar ach tromhamsa." Briathran a th' againn ann an Caibideil 14 de Shoisgeul Eòin. An t-slat, a' gheug òr-dhealrach, a tha os cionn chàich a' smèideadh dhòmhsa agus dhuibhse agus ag èigheach gu dùrachdach: "Lean mise."

Thoireamaid ar neart on cheathramh rann de Shalm XXIII:

Seadh, fòs, ged ghluaisinn eadhon trìd
Ghlinn dorcha sgàil a' bhàis,
Aon olc no urchaid a theachd orm
Ni h-eagal leam 's ni 'n càs.
Air son gu bheil thu leam a ghnàth,
Do lorg 's do bhata treun,
Tha iad a' tabhairt comhfhurtachd
Is fuasgladh dhomh am fheum.

Ailean am measg nan Sealtanach, aig Up-Helly-Aa

33. An gealladh luachmhor

Thug mi iomradh uaireigin mar tha air an lus *Golden Rod* agus a liuthad smuain a bha a' dol trom cheann an uair a bha mi a' feuchainn ri eadar-theangachadh fhaighinn air an ainm. 'S e aon smuain a thàinig thugam gu robh dà sheòrsa eòrna ann: *Golden Promise* agus *Midas*. Gach fear a' gealltainn toradh prìseil agus luachmhor, agus iad le chèile a' toirt a-staigh "òr" nan ainm. Saoil sibh a bheil *An Gealladh Luachmhor* freagarrach air *Golden Promise*?

Càit a bheil geallaidhean cho prìseil, geallaidhean a tha a' dol thar luach, a tha cho soilleir agus cho cinnteach a' tighinn gu toradh, mar gheallaidhean Dhè? Tha na geall-aidhean air a bhith againn bho thoiseach an t-saoghail, agus tha iad againn air an ùrachadh a-rithist agus a-rithist agus a-rithist, tro leabhraichean a' Bhìobaill, o Ghenesis gus an Taisbeanadh.

Tha Leabhar Aithghearr nan Ceist ag innse dhuinn: "Nuair a chruthaich Dia an duine rinn e coimhcheangal beatha ris ag iarraidh ùmhlachd air mar chumha." Sin aon taobh, agus an taobh eile: tha Dia a' gealltainn "gach goireas beatha agus spioradail" mar tha iad air an cur sios anns an dàrna caibideil de Ghenesis. Mo thruaighe! cha do chum Àdhamh no duine dhe a shliochd ris a' chumha, ach bha mòr mheas aig Dia air an duine, agus tha tre na ginealaichean, agus cha do leig Dia a thaobh fhèin dhen chumha air dìochuimhne. Rinn E gealladh, no cùmhnant, ri Abrahàm, san dàrna caibideil deug de Ghenesis, agus dh'imich Abrahàm a-mach as an tìr anns an robh e, agus 's e an cùmhnant: "Ni mi thu ad chinneach mòr agus beannaichidh mi thu, agus ni mi t'ainm mòr ... agus annadsa beannaichear uile theaghlaichean na talmhainn." 'S e seo an gealladh a tha Pòl a' toirt gu aire nan Galàtianach, anns an treas caibideil. "A-nis", tha e ag ràdh, "is ann do Abrahàm a thugadh na geallaidhean agus da shiol. Chan abair E 'agus do shiolaibh', mar gum bitheadh e a' labhairt mu mhòran, ach mar mu aon 'agus do shiol-san' neach is e Criosd." Bha Pòl a' toirt gu an cuimhne cò an aithrichean, agus an gealladh a fhuair iad, gealladh a bh' air ùrachadh cho soilleir agus cho cinnteach ann am pearsa Iosa Criosd. Ach bha Iosa a' dol na bu doimhne na sin - gu Àdhamh agus gus an gealladh a rinn Dia an uair sin. An gealladh gum bitheadh Dia maille ris agus ri a shliochd gu siorraidh, agus an uair sin ri Abrahàm "agus do shiol-san" - chan ann mar gum bitheadh e a' labhairt ris a' mhòr-shluagh ach ri gach neach a ghabhas ri Dia mar athair. Tha Criosd ag innse da dheisciobail - 's e sin do gach aon a tha a' creidsinn - ann an Caibideil 14 de Shoisgeul Eòin: "Ann an taigh m' athar-sa tha iomadh àite-còmhnaidh ... tha sibh a' creidsinn ann an Dia; creidibh annamsa mar an ceudna."

An gealladh ri Abrahàm san t-Seann Tiomnadh air ùrachadh san Tiomnadh Nuadh ann an Iosa Criosd. Seall a-nis air na faclan mu dheireadh a th' ann an Soisgeul Mhata: "Feuch, tha mise maille ruibh a ghnàth, gu deireadh an t-saoghail." Gealladh siorraidh nach tèid a bhriseadh.

Tha an treas rann ann an Laoidh XLII ag ràdh:

Mur bitheadh na nithean seo mar seo,
Dhuibh dh'innsinn sin o thùs;
Cha mheallainn sibh le dòchas baoth
No muinghinn fhaoin mun chùis.

34. Farchluais na h-òigridh

Am baile cumanta air taobh an iar na Gàidhealtachd bha taigh Fhearchair. Cha robh Fearchar pòsda idir ach na dhèidh sin 's e taigh-cèilidh math a bh' ann. Bha *wireless* aige, rud nach robh bitheanta aig an àm, bha cleoca-cuthaig aige a chluinneadh sibh a h-uile cairteal na h-uarach, agus b' e fhèin clèireach a' bhaile. Mar sin, cha robh naidheachd san sgìre, no naidheachdan an t-saoghail mhòir, nach cluinneadh tu an taigh Fhearchair. Bha e laghach ri cloinn fhad 's a thadhaileadh iad feadh an latha - bha e a' smaointinn nach robh e ceart clann a bhith ag èisdeachd ri seanchas nan daoine mòra, no idir a bhith mach air an oidhche. Cha do chum sin clann, gu h-àraidh gillean, gun a bhith a' farchluais aig an doras iomadh oidhche.

Nach saoil thu gu bheil thu a' faicinn nan gillean - an cluas ri ursainn an dorais agus an cudthrom air cois mu seach, ag èisdeachd gu mionaideach ris na bodaich a' seanchas? 'S e bodaich a chanadh iad riutha ged is dòcha gu robh iad uile nas òige na mi fhìn.

Thog an naidheachd bheag seo dealbh nam inntinn - gur e seo an dearbh shuidheachadh san robh Marcas na latha fhèin. Nach ann an taigh athar 's a mhàthar a bhitheadh na deisciobail a' coinneachadh agus a' bruidhinn air Criosd - na bha E a' dèanamh, agus mar a bha muinntir na h-eaglaise na aghaidh. Cha bhitheadh na h-inbhich deònach clann a bhith an luib nithean cho cudthromach 's a bha a' tachairt aig an àm. 'S ann mar sin a bha pàrantan Mharcais.

Tha Soisgeul Mharcais a' tòiseachadh le iomradh air Eòin Baistidh, a' dol gu baisteadh Chriosd agus gu Criosd a' gairm nan deisciobal, agus cuideachd gu iomradh air feadhainn dhe na miorbhailean agus air an leigheas a bha Criosd a' dèanamh. Tha sin uile sa chiad chaibideil. Chan eil guth air breith Chriosd, no air Hèarod. Cha bhitheadh ùidh ro mhòr aig gille òg mar Marcas anns na rudan sin. Cha robh na naidheachdan cho annasach no cho iongantach ris na rudan a bha Criosd a' dèanamh 's mar sin cha robh iad cho inntinneach do Mharcas. Mar tha an Soisgeul a' dol air adhart tha an eachdraidh a' fàs nas mionaidiche agus nas cinntiche, agus mar is trice tha ceart bhriathran Chriosd air an toirt dhuinn.

Ach dè an rud, dè thug Marcas a dh'fharchluais chun an dorais? Dè bha a' toirt nan gillean gu doras Fhearchair - an e na naidheachdan mu mhuinntir an àite, an e cuthag a bhith sa chleoca, no dè? Dè tha gad thoirt fhèin dhan eaglais? Tha sinn uile a' cluinntinn mu Chriosd, mun eaglais, mun strì leatha 's na h-aghaidh. Ach dè tha dol? Am faod beachd a bhith againn mura cluinn sinn air ar son fhìn, agus tha sinn a' falbh a dh'fhaighinn a-mach.

Tha an t-iarrtas a tha seo mar iuchair bheag nad làimh airson an doras fhosgladh rud beag on ursainn, chionn 's ann air do thaobh-sa dhen doras a tha a' ghlas. Chan eil thu a' cluinntinn ach facal an siud 's an seo an toiseach, ach mar is motha dh'fhosglas an doras 's ann as motha agus as fheàrr a tha thu a' cluinntinn. Tha iuchair fhèin aig a h-uile duine. Le taingealachd thug a mhàthair seachad Samuel - sin an iuchair a dh'fhosgail an doras farsaing dhise. Ach bha iuchair fhèin ri bhith aig Samuel 's bha sin aige an uair a fhreagair e Dia. Cha dèanadh iuchair a mhàthar feum dhàsan idir. Bha iuchair fhèin aig Saul o Tharsus na làimh cuideachd, agus bha fiosrachadh aige air caomhalachd agus ceartas Chriosd, ach bha buaireadh làidir cuideachd air a shiubhal. Ma smaoinicheas sibh air, chì sibh gu robh Saul chan ann a-mhàin a' sabaid an aghaidh Chriosd ach a' sabaid na aghaidh fhèin cuideachd. Nach do dh'aithnich e sa mhionaid cò bha a' bruidhinn ris air rathad Dhamascais? Tha iarrtas, no iuchair, fhèin aig a h-uile duine - ach a cur gu feum. 'S ged a dhùineadh an doras as ar dèidh chan eil e gu diofar. Nach eil sinn an co-chomunn ri Criosd, an saoghal sona agus sìtheil - Tìr a' Gheallaidh?

Salm LXXXIV, a' chiad rann:

Cia mòr an airidh-ghràidh do theach,
Iehòbhah mhòir nan sluagh!
Cia taitneach dhomhsa t' àros naomh,
O Thighearna nam buadh!

84

35. Ùrnaigh an fhìor aithreachais

Bho chionn bhliadhnaichean air ais bha saighdear air a rathad dhachaigh, agus thadhail e air càirdean dha ann an Inbhir Nis. San t-seanchas 's ann a thairg iad dha còta math air nach robh feum aca, agus 's e fhèin a bha toilichte. Cha robh a leithid aige riamh agus bha e an dùil nach robh a leithid aig duine sa bhaile aige fhèin. Thairg iad dha an uair sin ad, agus ghabh e i. Cha robh ad riamh aige, agus abair spòrs ga cur uime agus a' coimhead air fhèin san sgàthan. "Tha mi a' dol ga fàgail orm", ars esan, "agus 's dòcha ma thèid mi faisg air duine air an rathad dhan bhaile gun cuir mi mo làmh nam aid - rud nach robh cothrom agam a dhèanamh riamh roimhe." Seo mar a bha. Aon uair leig e air gun tàinig bacag air, agus ged nach do bhuail e san duine, chuir e a làmh na aid agus thubhairt e: "Gabhaibh mo leisgeul, tha mi duilich." Abair spòrs gun chron.

Nis, nach iomadh uair a tha sibhse, agus mise, an luib dhaoine sa bhaile no 's dòcha aig cruinneachadh, agus gum buail sinn gun fhiosda an cuideigin agus canaidh sinn, "Tha mi duilich" gun bhristeadh tighinn nar ceum agus gun sùil a thoirt air co ann a bhuail sinn. Ma chanas sinn, "Tha mi duilich" tha e a' ciallachadh gu bheil co-fhaireachadh againn ris an duin' eile agus gu bheil sinn ag aideachadh gu robh sinn ceàrr. Ach an ann mar seo a tha? Nach tric a chanas sinn, "Tha mi duilich" a chionn 's gur e am fasan a th' ann? Faclan bho bhàrr na teanga. An e aithreachas da-rìreabh a tha sin?

Nach eil an aon rud fìor mu aithreachas peacaidh? Bheil sinn ga chiallachadh ma chanas sinn ri Dia ann an ùrnaigh gu bheil sinn duilich airson ar peacaidhean? No bheil ann ach fasan, a chionn 's gur e seo a tha còir againn a ràdh? Saoil sibh nach eil eadar-dhealachadh mòr eadar a bhith a' gabhail ar n-ùrnaigh agus a bhith a' dèanamh ùrnaigh? Nach eil e buailteach ann a bhith a' gabhail ùrnaigh gun tèid sinn troimhpe mar phìos bàrdachd no rosg a tha againn air ar teangaidh agus gun sinn a' cur smaoin sam bith air dè tha sinn ag ràdh? Cluinnidh Dia ar n-ùrnaigh agus tuigidh E, chì E, dè brìgh agus smuain ar tagraidh, co dhiù tha sinn a' gabhail no a' dèanamh ùrnaigh.

Tha Leabhar Aithghearr nan Ceist ag innse dhuinn dè th' ann an aithreachas chum beatha, gur e "gràs slàinteil e leis a bheil am peacach le doilgheas agus fuath da pheacadh a' tionndadh uaithe gu Dia le làn rùn agus dìcheall air ùmhlachd nuadh a thoirt dha".

Tha Criosd tric 's na Soisgeulan ag innse dha dheisciobail mu ùrnaigh, agus E fhèin cuideachd gu tric a' dèanamh ùrnaigh. Nach eil e math, agus na adhbhar toileachaidh, na adhbhar co-fhurtachd agus fois inntinn, ma ni sinn ùrnaigh làn faireachaidh agus aithreachais, gun èisd Dia agus gun toir E dhuinn freagairt ann an sìth?

Tha a' chiad rann ann an Laoidh XXX a' dol mar seo:

Thigibh is rachamaid gu Dia
Le cridhe tiamhaidh bròin;
Ged pheacaich sinn ni Esan iochd
Air anamaibh briste leòint'.

36. Car-mu-chnoc

Sa bhaile bha seo chaidh latha chur a-mach airson faing gu bhith a' rùsgadh nan caorach. Mar a chleachd, chaidh cuid dhe na fir a-mach dhan mhonadh tràth airson na caoraich a thrusadh agus am faighinn dhan fhaing tràth, chionn's bha latha fada romhpa.

A-null aghaidh na beinne, air an rathad dhan fhaing, bha cnocan biorach ris an canadh iad "an sìthean", agus gun fhios dha na fir theich grunnan chaorach le an uain timcheall air a' chnoc seo. Rinn iad, mar a chanas sinn, "car-mu-chnoc". Fhuair na caoraich fois o bhith gam fuadach, bha latha math ann, bha biadh aca agus bha fasgadh aca. 'S iad a bha math dheth seach an fheadhainn a bha san treud, gan ruith le coin. Gun a bhith a' toirt breith, nach eil cuid a dhaoine a tha mar seo cuideachd? 'S math leotha a bhith an luib an treud agus a' buannachd as gach goireas a tha ceangailte ris a sin, ach ni iadsan taghadh air dè nì iad agus nach dèan. Feumaidh an toil fhèin a bhith aca co-dhiù tha sin a rèir miann a' mhòr-shluaigh gus nach eil. Tha iad, mar gun canadh sibh, a' dèanamh "car-mu-chnoc" air an nàbaidhean.

Tha suidheachadh mar seo a cheart cho buailteach nar beatha spioradail cuideachd. Tha fios againn ciod e as còir dhuinn a dhèanamh ach ma tha feadhainn as a' bhaile no cuid-eigin as an dachaigh a' dol dhan eaglais, ni sin an gnothach, 's ma tha buannachd gu bhith ann bidh iadsan mar phàirt dheth, gun a dhol chun na saothrach a rinn càch. Tha iad a' feuchainn ri "car-mu-chnoc" a dhèanamh air an nàbaidhean agus air Dia. Chan eil for aca nach e dè chanas eaglais, no ministear, no sagart a tha a' cunntais ach dè tha Criosd, tro fhacal, ag iarraidh air gach aon fa-leth a dhèanamh.

Cuir riut fhèin na faclan aig toiseach an treas dàin an cùl do Bhìobaill:

Tràth dh'èireas mi le ciont is geilt
O leabaidh dhoirch a' bhàis
'S a chì mi 'm Britheamh gnùis ri gnùis,
Cò ghiùlaineas mi à làth'r?

Tha sin aon chìobair nach dèan aon duine "car-mu-chnoc" air. 'S aithne do Chriosd, am Britheamh, thu air neo chan aithne - 's e sin a tha a' cunntais; chan e cia meud no cò dhed theaghlach a fhuair eòlas air Criosd ach an d' fhuair thusa, mar phearsa, eòlas air. Dè an leisgeul a tha gu bhith againn? Chan eil gin, ach a bhith a' smaointinn: "Nam bithinn air siud no seo a dhèanamh ... " ach cia meud "nam bitheadh" a dh' fheumadh peacach a ràdh ach a tha a-nis fadalach? Bha cothroman gun chunntas againn sa bheatha seo 's cha do ghabh sinn iad. B' fheàrr leinn ar toil fhìn.

Sin aon taobh dhen chùis, ach dè mu dheidhinn an treud? Chan eil gealltanas an sin nas motha. 'S càit a bheil ar dòchas matà? Tha aig gach aon nar caitheamh-beatha air ar turas san t-saoghal seo: "Dia a ghlòrachadh 's a mhealtainn gu siorraidh", 's chan eil sinn leinn fhìn a' dèanamh sin. Tha treud ann agus cuidichidh aon neach neach eile - treud a tha dhen aon bheachd ruinn fhìn.

Tha Salm CXXII ag ràdh:

Bha aoibhneas orm trath thubhairt iad
Gu taigh Dhè thèid sinn suas.

A' cruinneachadh gach smuain a tha "car-mu-chnoc" a' dùsgadh nar n-inntinn a thaobh aithreachas, ùmhlachd agus earbsa an Dia tre Iosa Criosd am Facal, chan urrainn dhomhsa an cur cho math 's a chuir Ùisdean Laing nach maireann iad na bhàrdachd:

"Tha mi nam bhraighdeanach gun chuid, gun nì,
Leth-amharasach gu robh an cùmhnant teann;
A bheil mi tuigsinn gur e 'n-diugh an t-àm
'S an iomchaidh dhomh a' cheist a chur rium fhìn?"

37. "An-diugh fhèin ma chluinneas sibh mo ghuth..."

Tha mi a' creidsinn nach eil duine a chuala an t-òran mun
Chruinneig Ìlich nach cuimhnich air an rann:

"Cha bhi mi strì ris a' chraoibh nach lùb rium
Ged chinneadh ùbhlan air bhàrr gach gèig;
Mo shoraidh slàn leat ma rinn thu m' fhàgail
Cha tàinig tràigh gun mhuir-làn na dèidh".

Tha am bàrd a' toirt mar coinneamh àilleachd na tè san
robh ùidh. Bha i mar chraoibh mhaisich, cho ciatach na bith
's cho tàlantach 's gu robh, mar gum bitheadh, ùbhlan air
bhàrr gach gèig. Bha a maise 's a feartan cho math na
shealladh. Ach cha robh sùil aicese dhàsan, agus bha e
duilich, ìosal, dòrainneach na chor. Ged bha sin mar sin cha
b' urrainn dha mì-rùn a bhith aige na chridhe dha taobh.
Cha robh aige ach feitheamh agus dòchas a bhith aige gun
tigeadh nì math air chor-eigin eile na rathad - ge bith dè
bheireadh am muir-làn ga ionnsaigh. Cuir an suidheachadh
seo mu do choinneamh fhèin. Nach do chruthaich Dia thusa
agus mise na iomhaigh fhèin, agus chunnaic Dia gu robh
obair a làimhe math (Leabhar Ghenesis 1,31). Chan eil air
nèamh no air thalamh obair a tha cho ciatach, maiseach,
torach, taitneach, snasail ri obair Dhè. Bha Dia cho toilichte
na obair, cruthachadh an duine, agus gun tug e dha
cothroman nach robh aig creutair eile - 's e sin cothrom
taghadh agus smaointinn air a shon fhèin. Ach dè thachair?
Thionndaidh an duine air falbh on t-slighe chuir Dia a-mach
dha - 's e sin Dia a ghlòireachadh 's a mhealtainn gu siorraidh.
A dh' aindeoin bristeadh-dùil an tubhairt Dia ris an duine:
"Cha bhi mi strì ris a' chraoibh nach lùb rium"? Cha tubhairt,
a chionn rinn Dia coimhcheangal ri Àdhamh - 's e sin na
cothroman a thug Dia seachad agus an gealladh a bh' aig
Àdhamh ri choileanadh airson am mealtainn. Cha do mhair
gealladh an duine fada gus an do bhris e e, ach chum Dia,
agus tha E fhathast a' cumail, a thaobh fhèin, agus tha E
a' toirt dhuinn cothrom as dèidh cothroim tilleadh da
ionnsaigh. "Pillibh", tha E a' glaodhaich ruinn, "an-diugh

89

fhèin ma chluinneas sibh mo ghuth", tha E ag ràdh - gar brosnachadh gu tilleadh bho sgrios siorraidh chum na beatha maireannaich còmhla ris fhèin.

Tha sinne, mise agus sibhse, mar gum bitheadh a' falbh a-mach air sruth an tràghaidh, a-mach dhan chuan mhòr, gar suaineadh 's gar crathadh le cùraman an t-saoghail a tha mar bhristidhean mòra na mara a' beucaich timcheall oirnn 's a' feuchainn ri ar sgrios. 'S dòcha gun toir an sruth-lionaidh sinn air ais gu tìr san tiùrra agus gum bi cothrom eile againn.

Ach ged tha sinn air seachran tha Dia furachail do ar taobh, agus ged a bhitheamaid am meadhan cuain agus gun glaodh sinn ris, thig E gu ar n-ionnsaigh. Nach tàinig Criosd gu a dheisciobail air Muir Ghailile, a' saltairt gach duilgheadais fo a chasan agus a' dèanamh na mara lom ciùin agus an t-slighe gu tìr rèidh maille ris fhèin? Chan ann briste, brùidhte an tiùrra a' mhuir-làin.

Tha an Salmaidh a' toirt misneachd mhòr dhuinn anns an dàrna rann de Shalm XLVI, ag iarraidh ar dòchas a chur an Dia. Tha e ag ràdh:

Mar sin ged ghluaist' an talamh trom
Chan adhbhar eagail duinn,
Ged thilgeadh fòs na slèibhte mòr
Am builsgean fairg' is tuinn.

38. An rud nach ceannaich òr

Dh' ainmich mi uair-eigin an dà sheòrsa eòrna air an do smaoinich mi, agus thug sinn sùil air *Golden Promise* mar tha, *An Gealladh Luachmhor*. 'S e an seòrsa eòrna eile, *Midas*. Chan eil mi a' smaointinn gun gabh Gàidhlig a chur air an ainm sin. Chaidh e tro m' inntinn gu robh e glè neònach mura robh an suidheachadh a bha seo air a thoirt am follais anns a' Bhìoball.

An toiseach, cò bh' ann am Midas? 'S ann o bheul-aithris nan Greugach a thàinig an naidheachd mu thimcheall. 'S e mac an rìgh Gordius a bh' ann agus bha Orpheus ga theagasg. Rinn Midas gnìomh math caraide ri Silenus agus thubhairt Dionysius, fear dhe na diathan, ris: "Bheir mise dhut mar thiodhlac rud sam bith a dh' iarras tu." Dè dh'iarr Midas ach cumhachd airson gun tionndaidheadh a h-uile nì air an cuireadh e a chorrag na òr dha! Seo mar a thachair, ach am measg na bha a' tionndadh na òr bha a bhiadh, mar a bha an còrr. Am measg pailteas òir cha b' urrainn dha biadh no deoch a ghabhail. Bha strì mhòr dhuilich aige mun d'fhuair e os cionn seo.

'S e meas "mammon" a thàinig air Midas. Smaoinich air a' bheartas mhòr a bh' aig Abrahàm. Bha esan eadar-dhealaichte chionn cha do leig e le beartas, no sannt beartais, tighinn eadar e fhèin agus Dia. Bha e iriosal, iomchaidh na dhol a-mach agus na theachd a-steach - agus shoirbhich leis.

Chan eil duine nach cuala mun Rìgh Solamh. Am measg a' bheartais aige-san dè chunnaic Bànrigh Shèba ach am meas, an t-aoibhneas agus an gràdh a bh' aig a luchd-frithealaidh do dh'aon a chèile, agus bha seo cuideachd eadar an Rìgh agus iad fhèin. Rud nach ceannaich òr no airgead. Thàinig ise le mòr-bheartas na h-Èiphit ach bu shuarach sin seach an gean agus an toileachas a bh' ann an lùchairt Sholaimh.

Ma thionndaidheas sinn gu Caibideil 25 ann an Soisgeul Mhata, tha naidheachd nan tàlantan againn. Tha am fear a fhuair aon tàlant ag ràdh: "A thighearna, bha fios agam gur duine cruaidh thu a bhuaineas san àite nach do chuir thu agus a thionaileas san ionad anns nach do sgaoil thu."

Dè bha sin ach gu robh e a' tilgeadh air Dia gur e Midas a bh' ann?

Ann an Soisgeul Lùcais, Caibideil 19, tha an naidheachd againn air an fhear a fhuair aon phunnd. "Feuch do phunnd", tha e ag ràdh, "bha eagal orm romhad do bhrìgh gur e duine geur-theann thu; tha thu a' togail an nì nach do leag thu agus a' buain an nì nach do chuir thu." Dè am freagairt a fhuair e? "As do bheul fhèin bheir mi breith ort." Tha esan e fhèin a' tilgeadh air Dia gur e Midas a bh' ann.

An urrainn do dhuine sam bith, aig a chiall fhèin, seo a ràdh mu Dhia? Nach E an làmh a tha gar stiùireadh air an t-slighe, an làmh a tha gar neartachadh le uile ghoireasan na beatha, an làmh a tha gar toirt as gach gàbhadh geur a tha sinn a' toirt oirnn fhìn, tre a mhaitheas, tre a ghràdh, tre a thròcair agus tre a ìobairt air crann-ceusaidh Chalbharaigh?

Ann an Salm CXXXIX tha an rann mu dheireadh ag iarraidh:

Feuch agus amhairc fhèin a bheil
Slighe aingidh olc am chrè
Is anns an t-slighe shiorraidh chòir
Gu dìreach treòraich mi.

39. "Mar tha na blàthan a' fàs sa mhachair"

Ma ghabhas tu cuairt mun àm seo dhen bhliadhna chan urrainn dhut gun a bhith mothachail air na tha de dhathan as gach seòrsa air flùr agus air duilleig; agus tha e gu math furasda gabhail seachad, mar a bha am fear eile agus e ag ràdh nach eil an siud ach sòbhrag, no neòinean, no flùr eile. Ach ma ni thu dàil agus gun crom thu a choimhead nas dlùithe chì thu glè thric gu bheil grunn ghasan ag èirigh as an aon bhun, agus a thuilleadh air sin gu bheil a h-uile duilleag agus a h-uile ceann flùir co-ionnan.

Fèill nan Uan, air am b' eòlach Ailean

Nach eil seo a' toirt nar cuimhne, an Tì a chruthaich nèamh agus talamh agus na bheil annta, gur Esan a chruthaich am flùran ud mar an ceudna? Gu dè an cumhachd mòr a dhealbh am flùr agus e cho làidir agus gu seas e ri fuachd agus teas, taiseachd agus tiormachd ar samhraidh, gun a dhreach a chall - agus na dhèidh sin a tha cho maoth? Thuirt Criosd fhèin: "Foghlaimibh mar a tha na blàthan a' fàs sa mhachair." Nach motha na sin a rinn ar Dia-ne air ar son-ne - chruthaich E sinn na iomhaigh fèin agus a bharrachd air beothachd, mar am flùr, a chur nar clèibh chuir E anam agus spiorad annainn a chum agus gun dèanamaid adhradh dha fhèin. Ach tha sinne lag-chuiseach agus gu math buailteach gèill a thoirt dhan bhuaireadh. 'S e sin an dìleab a tha againn o thuit Àdhamh agus Eubha anns a' ghàradh a dh'aindeoin iad a bhith air an cruthachadh gun lochd, gun chron, gun droch smuain.

Ma chuimhnicheas sinn air ais gu fìor thoiseach an Earraich thig e thugainn gum faca sinn beothachadh air fàs aig ceann meanglain nan craobhan. Nach eil seo iongan-tach .... gum bitheadh beatha a' streap suas am broinn na craoibhe bhon fhreumhach gus na meanglain as àirde - agus sin le dùbhlachd a' gheamhraidh? Chì sinn seo ged a bhitheadh sneachd, reothadh agus droch shìde ann. Tha am fàs a' tachairt a chionn gu bheil e suidhichte gu lean ràithe as dèidh ràithe agus mar sin gu lean samhradh an geamhradh agus an t-earrach - agus tha a' chraobh a' dèanamh ullachaidh air a shon seo.

Cuireamaid seo ruinn fhìn. Tha geamhradh agus samhradh nar beatha. Bidh sinn uaireannan trom-chridheach agus uaireannan sunndach mu rudan an t-saoghail, agus bidh sinn dìochuimhneach air crìoch àraid an duine. Nach e smuain thaitneach a tha ann gu faod spiorad an Dè bheò a bhith ag obrachadh annainn anns an t-suidheachadh seo? Gu faod e a bhith a' toirt buaidh oirnn sa gheamhradh, mar gum b' eadh, agus a' soilleireachadh agus a' gealltainn dòchas an t-samhraidh dhuinn? Co ann a tha sinne a' cur ar dòchais? Tha an Salmaidh a' freagairt seo dhuinn an uair a tha e ag ràdh:

O, blaisibh agus faicibh seo -
Gur maith 's gur milis Dia;
Am fear sin 's beannaicht' e gu beachd
a dh'earbas as an Triath.

40. "An Stòras Luachmhor"

Tha mi air iomradh a thoirt uair no dhà air mar a tha am facal "òr" a' tighinn a-staigh oirnn ann an iomadh cumadh agus seagh. An uair a bha mi san sgoil bha leabhran beag liath againn leis an ainm *Golden Treasury (An Stòras Luachmhor)*, agus air duilleig aig an toiseach aige bha sgrìobhte *An Anthology of English Verse*. 'S e cruinneachadh a bha seo de bhàrdachd Bheurla a bha oil-thaighean air a thaghadh mar eisimpleir air bàrdachd mhaith, dhomhainn. Tha mi a' creidsinn gur e sin a bh' ann, ach tha na rannan air a dhol tur as mo chuimhne an-diugh agus is neònach mas mi an aon fhear a tha mar sin.

Shaoileadh duine gum bitheadh leabhran beag dhen t-seòrsa seo ri fhaicinn gu math tric, gu h-àraid an uair a bha sgoilearan ainmeil còmhla ga chur ri chèile - ach chan ann mar sin a tha.

Tha leabhar eile againn fhathast a chaidh a sgrìobhadh mìltean bhliadhnaichean air ais, agus cha b' ann le sgoilearan mòra ach le feadhainn aig an robh tuigse air a liuthad cor a bha am beatha mhic-an-duine, agus a' toirt seòladh dha - na ghean agus na èiginn. Bidh sibh air a thuigsinn gur ann air a' Bhìoball a tha mi a' bruidhinn.

Nach ann ann a tha an leabhar iongantach, oir 's e an leabhar as motha àireamh a tha ga chreic an-diugh agus chan eil guth air *An Stòras Luachmhor*. Tha e air fhàgail aig gach neach an e *An Stòras Luachmhor* no dìreach *Am Bìoball* a tha aige no aice air an leabhar seo. Ach a bheil e na iongnadh am Bìoball a bhith mar seo? Tha mi a' smaointinn nach eil, chionn tha e cho beò agus gu bheil e a' bruidhinn rium mar phearsa agus a' còmhradh rium, gam stiùireadh agus gam chronachadh. Ma bheir thu sùil air, chì thu gu bheil cuideachadh ri fhaighinn agus comhairle ann an co-dhiù dà fhichead suidheachadh agus a sia. Suidheachadh mar tha: an t-eagal a bhith ort, no briseadh cridhe, no smaointinn air pòsadh, ma tha thu an cunnart, aonranach, gun obair, fo bhuaidh chungaidhean mairbhteach, sgìth, air bheag misnich agus mar sin air adhart.

Tha co-dhiù còig deug air fhichead de shuidhichidhean eile ann cuideachd, 's e sin mar a chuireas Criosdaidh aghaidh air fearg, air seanchas, air nàimhdean, air gearan na aghaidh, air maitheanas, air coibhneas, air seann aois, air ùrnaigh, air beartas, agus mar sin air adhart.

A bharrachd air sin tha soilleireachadh air mar tha Dia a' dèiligeadh ri daoine san fharsaingeachd agus gu pearsanta. Nach ann ann a tha an Stòras Luachmhor! Tha am Bìoball mar chiste bheag agus an uair a dh'fhosglas tu i tha dealradh glan gnùis Dhè a' deàrrsadh a-mach as gach duilleig mar dhreach nan teud agus mar aiteal grèine air òr.

Tha pàirt de Chaibideil 26 ann an Leabhar Isaiah air a chur ann am bàrdachd mar seo ann an Laoidh XX, 3 agus 4:

A dhorsaibh siorraidh èiribh suas,
Fosglaibh gu luath o chèil',
'S gu rachadh naomh-shluagh Dhè a-steach
A thug da reachd-san gèill.

An seo gun airceas mealaidh sibh
Sìth shòlasach gu bràth,
Sibhse len ionmhainn àrd-ainm Dhè
'S tha dèanamh buin à ghràs.

41. Eòlas, aideachadh is aithreachas

Bha mi gu math òg an uair a chuala mi iomradh air sgiobair ainmeil air bàt'-iasgaich an àm an sgadain mhòir air Tairbeart na Hearadh. Mar iasgair, tha e coltach gu robh e beachdte air comharran na sìde, air gluasadan na mara agus air dòighean iasgaich, agus gur e duine a bh' ann a bha ciùin, seasmhach, na dheagh nàbaidh agus le a theaghlach fritheilteach air an eaglais.

Aon fheasgar, an àm falbh gu muir, chual' iad gu robh bàt'-aiseig nan ceannaichean faisg air a bhith làn, ach dh'fhalbh iad. Mar a b' àbhaist, lean càch an sgiobair, agus mar a b' àbhaist bha deagh iasgach aca, agus gu h-àraid aig an sgiobair. Mar sin, bha e air dheireadh air càch a' tionndadh air a' phort. Bha e a' cur dragh air gu robh eathraichean eile roimhe agus am bàt'-aiseig gus a bhith làn.

Smaoinich e nam faigheadh e caolas an eilein gun dèanadh e aithghearrachd mhòr. 'S e sruth lionaidh a bh' ann. Thug e sùil air an uaireadair agus air a' chladach agus rinn e air a' chaolas, ach mo thruaighe! thràigh e air a' bhogha. Le ùine thog an làn e agus ràinig e an cidhe. Gun fhios dhaibh bha na ceannaichean air bàt'-aiseig eile fhasdadh agus fhuair iad uile bhuap' an sgadan. Air a' chidhe thàinig feadhainn dhe na h-iasgairean eile na rathad a' faighneachd dè thachair. Ach 's e an aon fhreagairt a bh' aige dhaibh uile: "Bha mi ro eòlach."

Tha an Crìosdaidh air a thuras - chan eil e gu diofar gu dè inbhe am measg dhaoine - air a bhuaireadh le Sàtan ag èaladh mu thimcheall mar ghadaiche san oidhche. Tha sinn uaireannan air ar dalladh le ar feumalachdan fhìn - agus a' call sealladh air ar suidheachadh san fharsaingeachd - agus tha sinn a' dol ceàrr. Bheil cuimhn' agaibh an uair a chaidh an Rìgh Saul sios gu Gilgal an coinneamh Shamueil? "Dh' fheith e seachd làithean ach cha tàinig Samuel gu Gilgal agus sgapadh an sluagh uaithe"; agus thubhairt Saul: "Thugaibh am ionnsaigh an seo an ìobairt-loisgte agus an tabhartas-sìthe"; agus thug e suas an ìobairt-loisgte. An uair a nochd Samuel agus a chunnaic e mar a thachair, thòisich Saul air na leisgeulan: "Bha an sluagh gam fhàgail agus bha an t-eagal orm ro na Philistich. Rinn mi èiginn uime sin orm fhìn agus thug mi suas an ìobairt-loisgte." Bha fhèin-fhiosrachadh air a thoirt an dara taobh.

Cha dèan leisgeulan feum, ach aideachadh agus aithreachas o ghoirteas cridhe. Aithreachas a chum beatha is e gràs slàinteil e leis a bheil am peacach le doilgheas agus le fuath do pheacadh a' tionndadh uaithe gu Dia, le làn rùn agus dìcheall air ùmhlachd nuadh a thoirt dha. Dè an goirteas cridhe a bh' air an sgiobair, ag aideachadh gu robh e ceàrr? "Bha mi ro eòlach", thuirt e.

Bha ullachadh air a dhèanamh mu choinneamh nan iasgairean. Mar an ceudna tha ullachadh siorraidh air a dhèanamh air ar son-ne. Do gach aon a ni aithreachas tha Criosd ag ràdh: "Ma tha sibh a' creidsinn ann an Dia creidibh annamsa mar an ceudna." Treòraichidh Esan sinn air slighe shàbhailte ann an doimhneachd gràdh Dhè gu cala rèidh far a bheil iomadh àite-còmhnaidh. Gealladh misneachail, nach e, a' dol a dh'ionnsaigh na Nollaige?

An ceann a dhreuchd, ann an Toirbheartan

42. An Coigreach aig an doras, le cobhair

Saoil sibh a bheil duine ann nach fhaca aisling riamh? Chan eil mi a' smaointinn gu bheil.

Tha e air innse gu faca fear aisling aon oidhche gu robh e a-muigh sa bheinn, agus ged a bha e pòsda bha e a' fuireach ann an taigh beag, bothan mar gum bitheadh àirigh. Bha e leis fhèin agus bha e riaslach. Chunnaic e e fhèin ag èirigh sa mhadainn agus a' dol chun na h-uinneig, ach bha i cho salach 's nach fhaiceadh e a-mach. Bha e leth-rùisgte 's bha e fuar 's cha robh teine aige, ach luath, 's bha e acrach. Cha robh duine a' tighinn na chòir. Ann an dòigh air chor-eigin mhair an suidheachadh seo grunnd làithean, agus rud neònach, cha robh e a' dol a-mach, cha robh e a' dèanamh dad a-staigh, ged a bha e a' faicinn an taighe mì-rianail.

Aon mhadainn chuala e, bha e a' smaointinn, gnogadh aig an doras agus chaidh e chun na h-uinneig, ach mar a b' àbhaist chan fhaiceadh e a-mach. Cò bha aig an doras? Chaidh e chun an dorais, agus an uair a dh'fhosgail e e thàinig an duine a bha seo a-staigh gun ghuth a ràdh, agus thòisich e air sgioblachadh an taighe, agus cha robh e tiotan ris. Cha do ghabh fear an taighe eagal sam bith. Chaidh an coigreach an uair sin air a dhà ghlùin aig a' chagailt agus an luib na luathadh thog e èibhleag bheag agus shèid e oirre. Ann am priobadh na sùla bha teine blàth ann, agus bha biadh air a' bhòrd. Dh'fhalbh an coigreach ach bha faireachadh aige gu robh e còmhla ris ged nach robh e ga fhaicinn. Ghabh e car de dh'eagal agus le sin dhùisg e. Shuidh e suas agus bha e na leabaidh fhèin 's a bhean còmhla ris, agus gach nì mar bu chòir.

Nach iomadh aisling air a bheil iomradh againn anns a' Bhìoball? Ach dè am breithneachadh a bha air an aisling seo? Tha e air a ràdh gur ann na h-aghaidh a bhreithnichear an aisling, ach a rèir Dhaniel chan ann mar sin buileach a tha. Saoil sibh nach eil an aisling seo agus a ciall a cheart cho soilleir ri dealbh air a' bhalla, agus gur e am bothan staid beatha a' pheacaich: dorcha, fuar, fàs, mì-chomhfhurtail, gun dreach, gun sunnd ... 's tha an duine aonranach na spiorad. Chual' e gnogadh agus rinn e gluasad nach b'àbhaist dha - dh'fhosgail e an doras.

Coigreach dhàsan a bha sin, ach coigreach a rinn cobhair air. Coigreach a dhùisg an èibhleag bheò - an t-anam a chuir Dia air a shiubhal. Criosd aig an doras. Criosd a' tighinn a-staigh, Criosd a' rèiteach ar beatha, Criosd a' beothachadh ar spioraid a chum a bhith na bhiadh agus na bhlàths nar beatha; an Spiorad Naomh, treas pearsa na Trianaid, a' dèanamh a làthaireachd aithnichte cho cinnteach 's ged a chitheamaid e le ar sùilean.

Beachdaicheamaid air na briathran ann an roinn 24 gu 28 ann an Lùcas, Caibideil 11. Tha iad sin a' seulachadh dhuinn cho furachail 's a dh' fheumas sinn a bhith; ach tha rann 28 a' toirt sòlais dhuinn: "Is mò gur beannaichte iadsan a dh'èisdeas ri facal Dhè agus a choimheadas e." Dèanamaid grèim air Dia fhad 's a tha E ri fhaotainn.

Tha an seachdamh rann ann an Salm XVI a' dol mar seo:

Bheir mise buidheachas do Dhia
Thug comhairl' orm am fheum;
Tha m' àirne fòs an àm na h-oidhch'
Gam theagasg mar an ceudn'.

43. Solas an spioraid agus an anaim

Sgrìobh Uilleam Ros bàrdachd air an tug e "Òran an t-Samhraidh". Tha a' chiad rann a' dol car mar seo:

O, mosglamaid gu suilbhir ait
Le sunndachd ghasd', is èireamaid;
Tha a' mhadainn seo le furan caomh
Toirt cuiridh fhaoiltich èibhinn duinn.
Cuireamaid fàilte air an lò
Le cruitean ceòlmhor teudbhinneach
Is biodh ar cridhe deachdadh fuinn
'S ar beòil a' seinn le spèirid dha.

Tha am bàrd a' cur mu ar coinneamh dealbh air camhanaich bhrèagha a tha toirt seachad gealltanas air latha soilleir, sona. Bidh d' inntinn uaireannan a' ruith romhad le iomadh sealladh, ach is ainneamh latha nach bi sgòth air na speuran, feadhainn dhiubh gu math mòr agus dubh, a' mùchadh solas na grèine. An uair a thig a' chòmh-ràth cha bhi mòran solais ann agus bidh oidhcheannan ann a bhitheas gu math dorcha. Tha solas na grèine làidir, agus ged a bhiodh i air taobh eile an t-saoghail tha i a' tilgeil a faileas ris a' ghealaich. Gu tìmeil chan fhaic sinne an solas nar cadal no ann an dùnadh ar sùilean aig deireadh ar turais - ach cha tuirt sin nach eil agus nach robh solas ann.

Ma smaoinicheas sinn air seo gu spioradail tha sinn mothachail gu bheil spiorad agus anam a tha maireannach nar clèibhean diombuain. Tha ar n-anam a cheart cho feumach air solas agus a tha an corp. Solas an spioraid agus an anaim 's e sin Dia. Tha Eòin na Shoisgeul (Caib 1) ag ràdh mu thimcheall Eòin Baistidh: "Thàinig esan a chum fianais a thoirt air an t-Solas. Cha b' esan an Solas sin, ach chuireadh e chum gun tugadh e fianais mun t-Solas." A' chamhanaich, mar gum b' eadh, Eòin a' toirt fianais gu robh an Solas a' tighinn. An Solas nach mùchadh an t-olc gar bith dè a mheudachd no a chumadh. Seall air ar turas fhìn - nach bi uairean ann a bhitheas sinn fo bhuaireadh làidir agus cuideachd fo dhìobhail misnich? Co ris as còir dhuinn tionndadh?

Tha an Salmaidh ag ràdh (Salm CXXX):

Tha m' anam bochd nas furachair
A' feitheamh Dhè a ghnàth
Na bhitheas luchd-faire maidne fòs
Ri sgarachdainn nan tràth.

Bitheadh dòchas Israeil an Dia,
Oir tha a thròcair mòr;
'S ann aig an Tighearna gu beachd
Tha fuasgladh pailt gu leòr.

An uair a thig feasgar ar làithean sa chòmh-ràth, tha an Solas leinn. An Salmaidh a-rithist (Salm XXIII):

Seadh fòs ged ghluaisinn eadhon trìd
Ghlinn dorcha sgàil a' bhàis
Aon olc no urchaid a theachd orm
Ni h-eagal leam 's ni 'n càs.

Air son gu bheil thu leam a ghnàth,
Do lorg 's do bhata treun,
Tha iad a' tabhairt co-fhurtachd
Is fuasgladh dhomh am fheum.

Ged a bhitheas solas na grèine a' stad dhuinne chan eil an solas nèamhaidh air a mhùchadh do ar n-anam. Ach a bharrachd air sin tha Soisgeul Mharcais ag innse dhuinn gun tug an t-òganach aig àit'-adhlacaidh Chriosd òrdugh do na boireannaich: "Imichibh agus innsibh d' a dheisciobail agus do Pheadar gu bheil E a' dol romhaibh do Ghailile; chì sibh an sin E mar a thubhairt E ruibh."

Criosd a' dol ro dheisciobail a-staigh do Thìr a' Gheallaidh. Criosd a' daingneachadh na slighe gu Tìr a' Gheallaidh ro gach neach a chreideas ann. Aig toiseach Bliadhn' Uire, matà, nach bu chòir dhuinne ar cridheachan, ar n-inntinn, ar n-uile bhith fhosgladh ri solas siorraidh Dhè an t-Athair air chor 's gu faigh sinne cuideachd seòladh air an t-slighe gu Tìr a' Gheallaidh? Agus an uair sin:

"Biodh ar cridhe deachdadh fuinn
's ar beòil a' seinn le spèirid dha."

44. Deagh rùn Dhè, agus dìmeas dhaoine

Thachair gun do dh'innis posta ann am fear dhe na h-eileanan do chuideigin air a chuairt gu robh e a' dol far a chuid obrach airson dà sheachdain. Bha e an dòchas gum bitheadh deagh shìde ann agus gum faigheadh e am feur a bhuain 's a chruinneachadh. Thuirt an duine-sa ris: "Nach bu chòir dhut ùrnaigh a dhèanamh agus d' iarrtas a chur gu Dia?" "'S dòcha nach dèanadh e sion a chron", fhreagair am posta. Le sin, rinn an duine ùrnaigh còmhla ris a' phosta.

Mar a thachair, bha an t-sìde gu math agus fhuair am post' am feur dhan chruaich. Air a thilleadh gu obair, agus an uair a thachair e ris an duine dh'innis e dha a dheagh sgeul. "Nach bu chòir dhut a-nis taing a thoirt do Dhia airson a mhaitheis dhut?" ars an duine. "Bhitheadh sin glè mhath", fhreagair am posta, agus chaidh iad air an glùinean. Thuirt an duine ris a' phosta: "Thoir thusa nis taing do Dhia." Ach dh'èirich am posta agus thuirt e: "Cha mhise an t-aon duine a bhuannaich air sgàth na deagh shìde. Carson is e mise dh'fheumas taing a thoirt seachad?"

Nach eil an sgeulachd seo a' toirt dealbh air maitheas, fialaidheachd agus deagh rùn Dhè dar n-ionnsaigh agus air an làimh eile a' sealltainn an dìmeas a tha sinne a' dèanamh air gach sochair a tha sinn a' mealtainn gu ar feum gu tìmeil a bharrachd air ar feuman spioradail agus siorraidh? Nach can thu fhèin "Tapadh leat" ma gheibh thu tiodhlac bho dhuine sam bith? Aig deireadh na buana a h-uile bliadhna bidh latha taingealachd an fhoghair ga chumail, a' comharrachadh gu bheil sinn mothachail air freasdal Dhè do ar taobh. Coimhead air salm CIV, 14 -15:

Bheir E air feur bhith fàs don sprèidh
'S air luibh bhith fàs gun sgìos
Do dhaoinibh, chum gun tugadh iad
On talamh biadh a nìos ...

'S E bheir dhaibh aran mar an ceudn',
Fhreasdal am feum gu leòr;
An cridhe dhaoin' a chuireas neart
Le misnich mhaith is treòir.

Tha an Salmaidh a' cur ann an rann briathran a tha sgrìobhte ann an Leabhar Dheuteronomi, ach tha a' chaibideil sin (Caibideil 8) a' dol air adhart agus ag ràdh: "Ach cuimhnichidh tu 'n Tighearna do Dhia oir is Esan a bheir comas dhut beartas fhaighinn chum gun daingnich E a choimhcheangal a mhionnaich E do d' aithrichean, mar air an latha 'n-diugh."

An-diugh, matà, nach toir sinn sùil mun cuairt air ar dachaigh, air ar crannchur, air ar cor, air ar nàbaidhean, agus air ar coimhearsnachd. Nach ann againn a tha an t-adhbhar thaingealachd! Tha e air iarraidh oirnn ann an suim nan deich àitheantan ar Tighearna Dia a ghràdhachadh le ar n-uile bhith agus ar coimhearsnach mar sinn fèin.

Mar sin, bhitheadh e iomchaidh do gach aon againn smaoineachadh an-dràsda fhèin air gach tiodhlac tìmeil agus spioradail a tha sinn a' mealtainn sa bheatha seo. Fosglamaid ar cridhe còmhla ris an t-Salmaidh.

Salm CVI, 47-48:

Do d' ainm ro naomh gun tugamaid
Mòr bhuidheachas gu pailt;
Do chliù 's do mholadh mòr faraon
Gu seinneamaid gu h-ait.

'S beannaicht' an Triath, Dia Israeil,
O chian nan cian gu bràth;
Abradh an sluagh gu lèir Amen,
Molaibh-se Dia a ghnàth.

45. Comharran gus ar stiùireadh 's ar dion

Nach tric a chuala tu, gu h-àraidh an àm an sgadain no an rionnaich, iasgairean a' bruidhinn air inneal ri a chèile, ag innse far am faca iad comharra air iasg a bhith faisg, agus cuideachd comharran air a' cheart bhad far am fac' iad e. Ma sheallas sinn nas fharsainge, tha comharran eile - na taighean-solais - againn rim faicinn airson na maraichean a chumail air an t-slighe dhòigheil.

Glè fhaisg air toiseach eachdraidh dhaoine thug Dia do Mhaois air sliabh Shinai deich comharran, no àitheantan, no laghan, airson clann Israeil a chumail ceart ann an slighe na beatha air an turas gu Tìr a' Gheallaidh. Tha na h-àitheantan seo a cheart cho ùr, a cheart cho feumail agus a cheart cho brìoghmhor freagarrach dhuinne an-diugh air ar turas fhìn agus a bha iad do chloinn Israeil aig Sinai. Tha iarrtasan, stiùireadh agus geallaidhean Dhè maireannach agus neo-chaochlaideach agus tha fios againn air seo; agus na dhèidh sin nach eil e smaoineachail cho beag suim agus a tha sinn a' gabhail dhiubh? Nach e seo an t-eadar-dhealachadh a bha eadar Abrahàm agus Lot? Cha do mhair Lot ach greiseag.

Tha comharran eile air a' mhuir faisg air a' chladach a thuilleadh air comharran nan iasgairean. Chì thu iadsan faisg air bailtean-puirt agus air aibhnichean. Tha iad nas pailte, nas fhaisg air a chèile, agus tha feum gum bitheadh a chionn tha maraichean a' tighinn faisg air a' chladach, air sgeirean agus air tanalach, agus le gèill a thoirt dhaibh cumaidh iad am bàta san t-seòlaid.

Ma sheallas sinn ri turas na beatha chì sinn san fhìrinn gu bheil comharran as gach seòrsa air an toirt gu ar n-aire. Thubhairt Iosa: "Na measaibh gun tàinig mise bhriseadh an lagha no nam fàidhean; chan ann a bhriseadh a thàinig mi, ach a choilionadh." Thubhairt Eòin na shoisgeul: "Thugadh an lagh le Maois, ach thàinig an gràs agus an fhìrinn le Iosa Criosd."

Tha Criosd cuideachd a' toirt cuireadh math, soilleir, cinnteach dhuinn: "Is e mise an t-slighe, agus an fhìrinn agus a' bheatha; cha tig aon neach chum an Athar ach tromhamsa." Tha E ag ràdh ruinne an-diugh, mar a thubhairt E ri a dheisciobail: "Lean mise." Carson nach leanadh? Tha an t-seòlaid aithnichte dha agus tha iùl cinnteach. An uair a nochdas a-mach romhainne, timcheall rudha na Callainne seo, farsaingeachd na Bliadhn' Ùire, nach e a bhitheadh saorsachail nam b' urrainn dhuinn a ràdh ann an irioslachd,

'S e Dia mo stòr, mo bheatha 's m' iùl,
On tig mo lùth 's mo threis;
Gainne no gort, beatha no bàs
Cha sgar o ghràdh mi 'm feasd.

46. A' dealachadh ris na seann dòighean

Bho chionn beagan bhliadhnaichean thàinig gille beag bho thaobh an iar Rois - Màrtainn - do thaigh-eiridinn ann an Inbhir Nis, agus e leòinte sa chois. Mu sheachdain na dhèidh thàinig gille beag eile - Ruairidh - a-staigh 's e fhèin leòinte. An uair a dh'fhàg a phàrantan Ruairidh 's e air a chur air dòigh na leabaidh, thòisich e air rànaich, agus bha na deòir a' ruith gu trom. Bha na banaltraimean a' feuchainn ri chur air a dhòigh, ach mar bu mhotha dhèanadh iad ris 's ann bu ghoirte a bha a ràn. Mu dheireadh leig iad leis agus chuir e an t-aodach mu a cheann. An ceann beagan ùine chaidh Màrtainn a-null far an robh e: "Màrtainn an t-ainm a th' ormsa. Dè an t-ainm a th'ortsa?" "Tha Ruairidh." "An uair a thàinig mise a-staigh an seo", arsa Màrtainn, "dh'fheuch mi an aon rud agus tha mi ag innse dhut nach do rinn e math sam bith. Tha e cheart cho math dhut cur suas leis agus 's ann as luaithe thèid thu nas fheàrr agus a gheibh thu a-mach." Bha Màrtainn ga mhisneachadh, na dhòigh fhèin.

Sgeulachd bheag chloinne aig a bheil, tha mi smaointinn, brìgh gu math domhainn an uair a chuireas sinn i ruinn fhìn 's ri ar caitheamh-beatha, gu h-àraid ma bhitheas feadhainn eile a' feuchainn ri comhairle thoirt dhuinn. Tha e nàdarrach gu leòr gum bi cianalas oirnn an àm dealachadh ri luchd ar gaoil 's ar n-eòlais. Nar caitheamh-beatha, ma thig sinn fo bhuaidh obair an Spioraid Naoimh, bidh sinn mothachail air ar peacaidhean a bhith gar leòn gu goirt, agus feumaidh sinn a dhol fo làimh an lighiche, Iosa Criosd, airson ar leigheas. Agus a dh'aindeoin fios a bhith againn gur ann fo a làimh-san a gheibh sinn cobhair bidh car de dh'ionndrainn againn air na rudan a tha sinn a' fàgail as ar dèidh. Fhad 's a bhitheas anail annainn tha sinn dhen t-saoghal. Ach fo leigheas Chriosd tha sinn a' faicinn an t-saoghail agus ar coimhearsnach ann an sealladh ùr agus le tuigse ùir.

San t-Seann Tiomnadh ann an leabhar Rut tha e air innse dhuinn mu Rut agus Orpah, bana-chliamhainnean Naomi. Bha an triùir aca nam banntraichean. 'S ann a Moab a bha Rut agus Orpah. An uair a chuir Naomi a' cheist orra dheònaich Orpah tilleadh air ais gu a daoine fhèin agus gu na seann dòighean. Ach thuirt Rut: "Na iarr orm d' fhàgail; 's e do shluagh-sa mo shluagh-sa agus do Dhia-sa mo Dhia-sa." Chunnaic Rut a saoghal agus a dòigh-beatha ann an sealladh ùr ann an Iùdah. Bha i a-nis làn dòchais agus chaidh leatha fada os cionn na bha a dùil no a dòchas.

Leughaidh sinn cuideachd mar a dh'fhàg fir, an uair a chual' iad gairm Chriosd, an riasladh a bha iad ris, agus mar a lean iad E. 'S iad sin na deisciobail. Nach mòr a' bhuaidh a bha acasan air an co-chreutairean aig an àm ud agus on uair sin! Agus cuideachd aig Saul o Tharsus. Ach dhan mhòr-chuid 's e ar buaidh an eisimpleir a tha sinn a' toirt seachad aig ar n-obair, ann an spòrs, nar cleachd-aidhean, a tha gar comharrachadh mar Chriosdaidhean, agus 's ann bho Chriosd a tha sinn a' faighinn ar misneachd.

Seall air Laoidh XLII -

1.   Uaibh fògraibh eagal 's iomagain cridhe
      'S na biodh ur dòchas fann;
      Earbaibh à freasdal Dè a ghnàth
      'S am ghràdh-sa gach aon àm.

3.   Mur biodh na nithe seo mar seo
      Dhuibh dh'innsinn sin o thùs;
      Cha mheallainn sibh le dòchas baoth
      No muinghinn fhaoin mun chùis.

47. On taobh-a-staigh a tha an cron

B'aithne dhomh marsanta air taobh an iar na Gàidhealtachd aig an robh, mar a bha cumanta aig an àm, bùth os cionn a' chladaich agus làimhrig bheag faisg oirre. Bha a' bhùth, na bharail, ro bheag agus thog e bùth ùr na bu mhotha, air an aon làrach. Fhuair e fiodh na bu treise airson nan asnaichean agus nan ceanglaichean, agus cuideachd siotaichean de dh'iarann preasach na bu truime na bha sa chleachdadh. 'Nuair a bha i deiseil bha i làidir, seasmhach, tèarainte. An ceann cunntais bhliadhnaichean chualas gun deachaidh a' bhùth 's na bha innte nan teine leis gun deachaidh car do lainntear. Latha dhe na làithean an dèidh seo tachairt thuirt cuideigin ris a' mharsanta: "Bidh tu a' tòiseachadh a-rithist, tha fios gu robh thu *insured*?" "O, cha robh", ars esan, "cha tug mi for riamh gu rachadh taigh iarainn na theine. 'S ann orm fhìn a tha an call air fad."

Ann an gnothaichean na beatha dè na briathran sa Bhìoball a tha an naidheachd bheag seo a' toirt nar cuimhne? Saoilidh mise gur e briathran Chriosd an uair a tha e a' cur dhaoine nam faireachadh, a' sùileachadh dhaibh coimhead riutha fhèin agus iad fhèin a rannsachadh (Soisgeul Mharcais 7, 14 - 15): "Eisdibh riumsa agus tuigibh; chan eil nì sam bith on taobh a-muigh dhen duine, a thèid a-steach ann, dam bheil e 'n comas a shalach; ach na nithean a tha a' teachd a-mach às, is iad sin a tha a' salach an duine."

Chan eil buaireadh sam bith on taobh a-muigh a' dol a dhèanamh cron sam bith dhuibhse no dhòmhsa mura gabh sinn tlachd ann. Ma ghabhas agus gu bheil sinn ga thoirt a-staigh, tha ar cridheachan an uair sin agus ar dòigh-beatha, mar a tha Criosd ag ràdh, "air an salach". Cha b' e teine on taobh a-muigh a chuir a' bhùth na smàl ach teine on taobh a-staigh, agus thuit i am broinn a chèile.

Seall nas fharsainge agus rach dhan t-Seann Tiomnadh. Nach e drabasdachd, fèin-fhiosrachadh, agus rùin Dhè don chinne-daonna a leigeil air diochuimhn', a sgrios Sòdom agus Gomorra? Seall air Hosea 13: "An uair a labhair Ephraim le crith dh'àrdaich e e fèin ann an Israel; ach an uair a chiontaich e ann am Baal, bhàsaich e." Agus a-rithist: "O, Israeil, sgrios thu thu fhèin."

Seall gu tìmeil air na rìoghachdan mòra a bh' ann o shean: Impireachd nan Èiphiteach, nan Greugach, na Ròimhe - nach do thuit iad sin am broinn a chèile? Dè tha a' tachairt air feadh rìoghachdan taobh an ear na Roinn-Eòrpa an-diugh? Am fàg sinn Breatann, Alba, a' Ghàidhealtachd gun an ainmeachadh? Tha rìoghachdan, mar tha an Eaglais, air an dèanamh suas de dhaoine, fir is mnathan, agus tha teisteanas nan rìoghachdan agus nan eaglaisean a rèir caitheamh-beatha nam ball a tha annta. Càite bheil sinn? Co air a tha ar smuaintean-ne stèidhichte? Tha Dia a' glaodhaich ruinn gach latha - bha an-dè, tha an-diugh agus bithidh gu siorraidh: "Annamsa a tha do chobhair" (Hosea 13, 9). A bheil sinne a' toirt gèill dhan ghlaodh a tha seo?

Nach bitheadh e truagh, an uair a thig sinn chun na cathrach sin agus gun seasamh cas againn, mura biodh fear-tagraidh againn a rachadh an urras oirnne? Dh'fhaodadh e tachairt. Nach do thachair e dha na h-òighean amaideach? Dh'èigh iad: "A Thighearna, a Thighearna, fosgail dhuinne." Ach fhreagair Esan agus thuirt E: "Gu deimhinne tha mi ag ràdh ruibh nach aithne dhomh sibh." 'S E stèidh ar misneachd.

Don òg na shlighe fìorghlan rèidh
Sòlas bheir E gu pailt
'S don aosda bheir E coron glòir
'S tròcair o Dhia gun airc.

48. Rathad, brìgh agus ceann-uidhe ar turais

Aon mhadainn ann an Sealtainn nochd bàta anns an robh deagh mheudachd aig beul baile-phuirt Lèaruig, agus rinn i a cùrsa air a socair a-staigh chun a' chidhe.

Neo'r thaing nach robh i a' coimhead snasail an toiseach, ach mar a b' fhaisge bha i a' tighinn 's ann bu mhì-choltaiche a bha i a' fàs. Bha sgallan mòra de mheirg thall 's a-bhos, agus bha i aotrom san uisge. Cha robh fios aig duine cò i no co às a thàinig i. Fhuair iad cead ceangal ris a' chidhe, oir bha biadh is uisge is ola a dhìth orra. An uair a chaidh Fear a' Phuirt air bòrd thug e an aire gu robh mì-dhòigh gach taobh a shealladh e, agus cha robh bathar sam bith innte, ni motha a bha airgead aig an sgiobair a cheannaicheadh dad, a bharrachd air sin cha chualas riamh ainm na feadhna a bha iad ag ràdh leis am bu leis am bàta. Bha seo riatanach airson urras fhaighinn agus iad ag iarraidh am feuman air dhàil. An dèidh ùine mhòir a' ceasnachadh 's a' feuchainn thall 's a-bhos cha d' fhuair iad cuideachadh. Cha robh air ach gun do thilg muinntir a' chidhe na ròpan thuca airson àite a rèiteach do bhàta eile. Bha i aig acair airson latha no dhà mun do dh'fhalbh i mar a thàinig i, gun fhios, gun fhaireachadh.

Saoil nach bu chòir dhuinne sùil a thoirt air ar suidheachadh fhìn agus air ar turas san t-saoghal? Aig ceann na slighe dè an cunntas as urrainn dhuinne a thoirt seachad - dè rinn sinn? dè th' againn? cò ar maighstir?

Nach tric a chluinneas tu pàrantan agus inbhich ag ràdh mu theaghlaichean agus mun fheadhainn as òige: "Ni iad an roghainn fhèin an uair a thig iad gu ìre"? 'S tha sin ceart - ach tha am facal seo ceart cuideachd: "An rud a chì na big 's e nì na big". No, an aon seagh, ann am facal eile: "An t-ionnsachadh òg an t-ionnsachadh bòidheach".

Sa mhionaid a dh'fhalbhas bàta a-mach à port tha i a' leagail a cùrsa air a ceann-uidhe. Mar sin, tha e cudthromach dhuinne gum bi fios againn glè thràth air rathad, brìgh agus ceann-uidhe ar turais fhìn.

Tha e mar fhiachaibh oirnn uile mar Chriosdaidhean a dhèanamh cinnteach gum bi stiùireadh ceart aig cloinn an toiseach. Tha fios againn uile dè na tubaistean a dh'fhaodadh tachairt, agus suidhichidhean cuideachd a dh'fhaodas tighinn nar rathad a bhitheas a' feuchainn ri ar toirt an dara taobh; ach 's e an rud a bheil fiosrachadh againn air ciamar a thilleas sinn fhìn - agus ciamar a threòraicheas sinn companaich - chun na slighe cheairt.

Tha dòighean agus innealan iongantach aig seòladairean an-diugh airson an cumail ceart, ach càite bheil dòighean no cothroman nas cinntiche agus nas soilleire airson sinne chumail air an t-slighe na gheibh sinn bho thoiseach gu deireadh a' Bhìobaill? Chan e sin a-mhàin, ach tha seòladh againn air mar a chuireas sinn gu feum na tàlantan a tha annainn o àm ar breith airson ar n-ullachadh gu seasamh aig cathair breitheanais - lochdach, bochd 's gum bi sinn. Ach os cionn gach ullachaidh eile tha Criosd aig deas làimh an Athar ag eadar-ghuidhe airson gach aoin a fhuair eòlas air.

Còisir òigridh aig a' Mhòd Nàiseanta Rìoghail,
dhan tug Ailean mòr thaice

49. Dìdean ann an àm na h-èiginn

S grìobh Gille na Ciotaig, bàrd à Uibhist-a-Tuath, sgeigearachd air an tug e *Sgiobaireachd*. Tha e a' toirt eachdraidh ann an rann air turas mì-chiallach air an deachaidh e fhèin agus feadhainn eile. Bheir sreath no dhà an siud 's an seo dealbh air mar a bha.

Seo am bàta:
   A' togail a cuid aodaich rith'
   Chan fhacas aogas riamh ...
   Dà thobhta is dh' ith na giùrain iad,
   Na croinn air an cùl sios;
   B' e cuid dhen fhasan ùr an cur
   An taobh nach robh iad riamh.

Agus an sgiobair:
   Sgiobair làidir aineolach
   Ro bharaileach mu ghnìomh.

A bheachd air a' chùis:
   Is ar leam fèin gur amadan
   Thug anam innte sios.

Agus mar a thachair an uair a bhris am bàta as a chèile:
   Is mi greimeachadh le m' ìongnan
   Ann an àit' nach dìreadh sgarbh.

Nach eil suidhichidhean mar seo fìor gu math tric nar latha am measg sean agus òg, far a bheil cuid gan cur fhèin agus feadhainn eile ann an cunnart, agus fios glè mhath dè dh'fhaodadh tachairt - agus air dòigh air chor-eigin nach urrainn dhaibh iad fhèin a leasachadh? A bheil duin' againne an luib sin? Ach ma tha cunnart ann gu h-aimsireil nach ann a tha an cunnart ann nan tachradh e nar caitheamh-beatha agus gu spioradail?

Seall air Sìomon Peadar an deisciobal agus an dlùth cheangal a bha eadar e fhèin is Criosd, ann an neart a' chreideimh. Tha Mata ag innse dhuinn gun tuirt Criosd ri Peadar: " ... gur tusa Peadar, agus air a' charraig seo togaidh mise m' eaglais."

113

Tha Peadar fhèin, na chiad litir, a' leudachadh air a' chreideamh seo agus ag ràdh gu faodadh e seo a ràdh mu dheidhinn nan uile a tha a' creidsinn: "Tha sibhse mar an ceudna mar chlachan beò ... nur taigh spioradail." 'S e Galail-èathach a bh' ann am Peadar agus bha e na nàdar leum gu rud, am facal agus an gnìomh, gun smaointinn. Nach do chronaich Criosd e aon uair: "Imich air mo chùlaibh, a Shàtain"?

Tha an suidheachadh seo, 's dòcha, nas fhasa a thuigsinn bho litir Phòil chum nan Ròmanach, Caibideil 7: "Oir chan eil mi a' dèanamh a' mhaith bu mhiann leam ach an t-olc nach b' àill leam." Am maith 's an t-olc a' cogadh na bheatha.

Ma thilleas sinn gu turas a' bhàird ... bha am bàta mì-choltach agus bha fios aige air sin; bha an sgiobair mì-sheasmhach, neo-earbsach agus bha fios aige air sin - ach dheònaich e a leantainn. Bha am buaireadair air buaidh a thoirt. Air a' cheann thall cha robh eadar e fhèin 's am bàs ach ìongnan aona làimh.

Cuireamaid seo ruinn fhìn gu spioradail, agus na bitheam-aid sa chàs seo. Chan eil dòigh eile ann ach beachdachadh air Pòl, ann an Litir nan Ròmanach a-rithist. Tha e a' faighneachd: "Cò shaoras mi o chorp a' bhàis seo?" Tha e fhèin a' freagairt: "Shaor lagh spiorad na beatha ann an Iosa Criosd mise", agus tha e a' daingneachadh a chreideis fhèin: "nach eil nì air bith comasach air sinne a sgaradh o ghràdh Dhè a th' ann an Iosa Criosd, ar Tighearna."

Seall air Laoidh XLVIII:

7. Ged èirich dragh 's ged bhagair bàs
    'S ged iadh gach nàmh mun cuairt,
    Tre Chriosd bheir sinn gu dùbhlanach
    Orr' uile tuilleadh 's buaidh.

8. Ifrinn no talamh, beatha no bàs,
    No sàrach ùine buain
    O ghràdh ar Triath cha dealaich sinn
    'S cha sgar am feasd sinn uaith'.

50. An t-iasad air a shìor ùrachadh

Bha croitear ann am fear dhe na h-eileanan a bha beachdte, dòigheil mu chrodh, agus b' e a dheòin a chosnadh a dhèanamh nan luib. Cha robh de dh'airgead aige na thòisicheadh, agus 's ann a chaidh e far an robh am bancair airson iasad. B' aithne dhan bhancair an duine agus bha e deònach gu leòr sin a thoirt dha. Cheannaich an croitear gamhna, agus an dèidh an geamhrachadh dh'fhalbh e gus an creic; ach mo thruaighe! bha a' phrìs air tuiteam agus 's ann a bha call mòr air.

Bha an t-iasad a' cur uallach air, bha e air inntinn a latha 's a dh'oidhche, agus bha an t-eagal air a dhol air ais chun a' bhancair. Bha e ga sheachnadh, ach aon latha thàinig iad aghaidh ri aghaidh aig oisinn bùtha. 'S e an fhàilte chuir an croitear air a' bhancair, "Dè tha sibh a' dol a dhèanamh orm a-nis?" Dh'innis am bancair dha gu robh fios aige mar a thachair, agus nach robh dòigh aige-san air beò-shlàint a dhèanamh mar a bha e no aige fhèin air iasad fhaighinn air ais, gun tuilleadh a thoirt dha. Seo mar a bha.

Tha faileas an seo air Gàradh Edein. Dia air Àdhamh a shuidheachadh ann an deagh dhòigh sa ghàradh ach cha bu leòr sin le Àdhamh. An dèidh a' pheacaidh chaidh e am falach agus dh'èigh Dia ris: "Càit a bheil thu?" Ged a bha fios aige mar a thachair agus a shuidheachadh, a dh'aindeoin sin cha do dh'fhàg Dia falamh e. Thàinig Dia thuige san t-suidheachadh san robh e.

Tha e air innse dhuinn: "Rinn an Tighearna Dia do Àdhamh agus da mhnaoi còtaichean craicinn agus chòmhdaich e iad."

Ann an suidheachadh eile nach do dh'èigh Sàul no Pòl: "A Thighearna, ciod as àill leat mise a dhèanamh?"... agus am freagairt: "Èirich, agus innsear dhut ciod as còir dhut a dhèanamh."

Ach cho tric 's a tha sinne a' teicheadh agus mas fìor a' dol am falach. Bithidh sinn a' feuchainn ri taobh math a chur oirnn ris an t-saoghal gus an toir iad creideas dhuinn, ach chan urrainn dhuinn sin a dhèanamh air Dia. Tha Esan gar faicinn a-muigh 's a-staigh gu doimhneachd ar cridhe.

Cha bhi esan air a mhealladh. Chan eil duine againn nach eil tàlantan air chor-eigin aige a' tighinn dhan t-saoghal, agus cothrom an obrachadh. 'S ann an uair a tha sinn a' gabhail oirnn fhìn nach eil feum againn air cuideachadh no stiùireadh a tha sinn a' dol ceàrr. An uair a tha sinn a' cur ar n-earbsa nar neart fhìn 's nar fiosrachadh fhìn a tha sinn mar gum b' eadh a' call ar n-iùil 's gun for againn. 'S ann an uair a thachras tubaist air chor-eigin a tha sinn a' tighinn thugainn fhìn. Nach ann a bhitheadh an t-saorsa ann nam bitheadh cuideachadh againn ri ar làimh an còmhnaidh!

Carson nach cuireamaid ar n-earbsa annsan a tha mall a chum feirge agus pailt ann an gràs, Esan a tha bith-bhuan, neo-chaochlaideach? Nach ann a tha a' mhiorbhail ann gu ruig gràs Dhè sinn san t-suidheachadh sa bheil sinn; chan ann mar bu chòir dhuinn a bhith, no mar a dh'fhaodamaid a bhith, ach mar a tha sinn, agus 's ann le a neart-san a thig an t-atharrachadh a mhiannaicheadh sinn.

Tha Criosd ag ràdh: "Is leòr mo ghràs-sa dhut, oir tha mo chumhachd air a dhèanamh foirfe ann an anmhainneachd." Tha gràdh Dhè gun tomhas am pailteas.

51. " ... teampaill eile nach do rinneadh le làmhan"

Glè thric cluinnidh sinn eachdraidh mu sheann eaglaisean. Chuala mi dìthis a' bruidhinn uaireigin air mar a chaidh eaglais air a' Ghàidhealtachd a thogail san leth mu dheireadh dhen linn a dh'fhalbh. A rèir 's mar a thuig mi, chaidh na planaichean a dhèanamh ann an Dun Èideann, agus 's e clachairean Gàidhealach a thog na ballachan. Thàinig saoir Ghallda gus an ceann a chur oirre agus gus a dèanamh suas na broinn.

Bha am fiodh geàrrte aca a' tighinn ach an uair a thòisich iad cha robh tomhaisean na lobhta agus tomhaisean an fhiodh a' tighinn a rèir a chèile. Cha robh air ach an cuid uidheim a sgioblachadh agus tilleadh air falbh. San àm cò bha a' dol seachad ach fear a mhuinntir an àite a bha làmh-charach, agus ghabh e iongnadh. San t-seanchas dh'innis na saoir dha mu na tomhaisean. Thòisich e air sgrìoban a dhèanamh ann an crèadh an rathaid, agus mu dheireadh thuirt e gun gabhadh e dèanamh air dòigh àraid. Chreid na saoir e. Chaidh an ceann a chur air an eaglais leis an fhiodh a bha aca agus chriochnaicheadh i gu snasail. Tha adhradh san eaglais sin chun an latha 'n-diugh.

Bhuail e orm gu robh tòrr teagaisg anns an t-seanchas seo. Ged nach b' ann dhen aon ghairm a bha muinntir na h-eaglais' ùire agus saor an àite cha do dhiùlt e an cuid-eachadh nan èiginn. Tha carthannas mar seo bitheanta an-diugh, ach seall cho tric 's a chluinneas tu a chaochladh. Smaoinich air ais air eachdraidh an teampaill aig Solamh. An toiseach 's e athair, Daibhidh, a bhruidhinn mu dheidhinn ach cha do leig Dia leis, a-thaobh a dhol-a-mach : a pheacaidhean.

'S e Solamh a fhuair an obair air a dèanamh: "Agus an uair a bha an taigh ga thogail, thogadh e de chlachan air an cumadh mun tugadh da ionnsaigh iad; agus cha chualas òrd no tuagh no inneal iarainn sam bith anns an taigh an uair a bha e ga thogail." Gheibh Dia dòigh ma bhitheas sinne mothachail air.

Tionndaidheamaid a-nis gu fàidheadaireachd Hagai, 's tha eachdraidh againn air mar a thòisich Clann Israeil

117

air an teampall ath-thogail air an tilleadh dhachaigh a braighdeanas Bhabaloin. Cha robh iad ach a' dèanamh beagan obrach an-dràsda 's a-rithist. "Tha Tighearna nan sluagh ag ràdh: *Thugaibh fainear ur slighean. Rachaibh suas chun an t-slèibh agus thugaibh leibh fiodh agus togaibh taigh.*" Beagan air adhart tha e ag ràdh: "*Airson mo thaighe a tha fàs agus sibhse a ruith gach duine ga thaigh fhèin.*"

Bha fios aca air am feum air eaglais agus air adhradh do Dhia - Dia an aithrichean - agus a bhith umhail dha, ach cha robh an cridhe anns an obair. Bha iad cho taingeil a bhith saor 's nach robh iad ach flodach an guth 's an gniomh Dhàsan a thug dhaibh an saorsa. Thàinig facal Dhè tro Hagai thuca, gam brosnachadh "agus rinn iad obair an taigh an Tighearna". Rinn iad beagan agus tha am brosnachadh a' tighinn a-rithist san dara caibideil: "Tha an Tighearna ag ràdh: *agus dèanaibh obair oir tha mise leibh.*" Dia a' strì ri a theaghlach fhèin.

An uair a thionndaidheas sinn ri Soisgeul Mharcais (14, 58) tha Criosd a' toirt rabhadh dhuinn nach ann an taighean a tha eaglaisean ach ann an cridheachan dhaoine: "Togaidh mi teampaill eile nach do rinneadh le làmhan." Tha Pòl ag radh anns a' chiad litir chun nan Corintianach (12, 27): "A-nis is sibhse corp Chriosd, agus is buill sibh fa-leth."

Ma tha sin mar sin 's e as suim do na deich àitheantaibh: "An Tighearna ar Dia a ghràdhachadh ler n-uile chridhe, ler n-uile anam, ler n-uile neart, ler n-uile inntinn; agus ar coimhearsnach a ghràdhachadh mar sinn fhèin." Nach eil na smuaintean sin uile ag ràdh ruinn: "Chan e cò an eaglais dham buin thu ach a bheil eòlas agad air Dia agus air Criosd mar Shlànaighear agus mar Fhear-saoraidh."

52. "Nach ann air a bha na làmhan!"

Bho chionn ghoirid chuala mi naidheachd bheag mu bhuachaille-cruidh - *cowboy* - ann an Aimeireaga. 'S e duine àraid a bha seo. Bha e na dheagh bhuachaille agus bha eich mhath aige a bha e fhèin air ionnsachadh ris an obair. A bharrachd air sin bhitheadh e a' dol gu cruinnichidhean a dh' fheuchainn a sgilean a' marcachd eich air nach deachaidh srian no diollaid riamh. 'S dòcha gum faca sibh sealladh air seo air an telebhisean agus gun tuig sibh an strì a bhitheadh air duine 's brùid. Aig aon dhe na cruinnichidhean seo nochd pears'-eaglais agus sheas am buachaille greiseag ga èisdeachd. Co air a bha an searmonaiche a' bruidhinn ach air mar a chaidh Iosa a-staigh do dh'Ierusalem a' marcachd air aiseal air nach do shuidh duine riamh. Ghlac seo inntinn a' bhuachaille agus dh'fhuirich e gu deireadh an t-seanchais. An uair a stad an searmonaiche 's e thubhairt am buachaille, "Nach ann air a bha na làmhan!"

Nach ann air a bha na làmhan gun teagamh. Agus cuimhnichidh sinn air a liuthad gniomh a rinn Criosd air a bheil iomradh againn agus a tha a' buntainn ruinn fhìn, nar n-obair-latha, a cheart cho dlùth 's a tha Fhacal. Tha Maois, ann an leabhar Ecsodais, a' cur an cuimhne Chlann Israeil: "Le làimh thrèin thug an Tighearna a-mach sibh as a sin; agus chan ithear aran goirtichte." Shaor E Clann Israeil o bhraighdeanas na h-Èiphit agus dh'ullaich E biadh dhaibh air an t-slighe, ach bha aca fhèin ri an làmhan obrachadh cuideachd. Bha aig Maois ri a làmh a thogail aig a' Mhuir Ruaidh agus bha aig Cloinn Israeil ri dhol a-mach agus am mana a thogail dhaibh fhèin. Tha Criosd uair is uair ag iarraidh air a dheisciobail chan e a-mhàin a chèile a chuideachadh ach gach aon a tha fo thrioblaid agus fo throm uallach. Nach bu chòir sin a bhith gu leòr dhuinne - 's e sin a thoil-san a dhèanamh? Ach a bheil? Seall air Gideon an uair a thuirt an t-aingeal ris: "Imich ann ad neart seo agus saoraidh tu Israel o làimh nam Mideanach; nach do chuir mise uam thu?" Fhreagair Gideon: "Och, mo Thighearna."

Bha e ag ràdh, mar gum b'eadh: "Mise, cò mise, gun iarradh tu seo orm?" Nach eil freagairt mar seo dualach dhuinne?

Ann an Leabhar nan Àireamh (Caib 11), tha a' cheist air a cur: "A bheil làmh an Tighearna air fàs goirid? Chì thusa a-nis an tig no nach tig m' fhacal gu crìch dhut." Tha Mata ag innse dhuinn gun do leighis Criosd duine aig an robh làmh sheargte. Tha Dia a bh' ann, a tha ann agus a bhitheas ann gu siorraidh ag èigheach ruinn gach latha ar làmh a shìneadh a-mach gus obair-san a dhèanamh.

Chan eil làmh an Tighearna air fàs goirid, ach a bheil làmh - 's dòcha dà làimh - sheargte oirnne gus gniomh caraide a dhèanamh? Seallamaid air ar làmhan agus saoil dè an gniomh a b' urrainn dhuinn a dhèanamh airson nàbaidh a chuideachadh an ainm agus air sgàth Iosa Criosd? Smaoinicheamaid an-diugh, matà, air briathran a' *chowboy:* "Nach ann air a bha na làmhan!"

53. Am fear nach robh 's nach eil "leam-leat"

Thàinig lighiche-sprèidh gu paraiste àraid air an taobh an iar. Greis an dèidh dha tighinn thachair dithis ri chèile aig fèill, agus an luib an t-seanchais dh'fhaighneachd Calum an cuala a charaid dè an seòrsa dhuine a bha san lighiche ùr. Thuirt Dòmhnall nach do chuir e feum air fhathast nì motha a thachair e ris, ach a h-uile duine ris an robh e a' bruidhinn bha deagh fhacal agus moladh ac' air. "Sin agad mar a tha", arsa Calum, "duine a tha a h-uile duine a' moladh cha duine e."

Faclan fìor a' ciallachadh nach robh ann an duine a bha a h-uile duine a' moladh ach duine "leam-leat". Saoil a bheil seo ceart sa h-uile seagh? Smaoinich air an duine a b' fheàrr a bha air an t-saoghal seo riamh. Duine a bha gun lochd, gun mhì-rùn do dhuine sam bith a thigeadh ga ionnsaigh, fear a leighis tinneasan, a chuidich daoine a bha fo bhuaireadh a' pheacaidh, a ghabh gu coibhneil ri cloinn, a bha na chompanach do luchd a' bhròin agus a chaidh a-staigh dhan h-uile suidheachadh anns an robh daoine.

An robh daoine ga mholadh? Ann am facal, cha robh. Tha Marcas (6, 2-3) ag innse dhuinn gu robh Criosd aon Sàbaid an luib a dhaoine fhèin san eaglais (san t-sionagog), agus thòisich feadhainn air faighneachd: "Cia às a tha na nithean seo aig an fhear seo? Agus ciod an gliocas a thugadh dha gu bheil a leithid seo a dh'fheartan air an dèanamh le a làmhan? Nach e seo an saor, mac Muire, bràthair Sheumais, agus Iòsais, agus Iùdais agus Shimoin, agus nach eil a pheathraichean an seo maille ruinn?" Bha iad mar gum b'eadh ag ràdh: "Cò tha esan a' smaointinn a tha ann dheth?"

Ma sheallas sinn air na ceithir Soisgeulan cia meud uair a tha e air innse gu robh duine no daoine a' faighinn coire do Chriosd. Tha iad a' faighneachd: "Dè an duine tha seo? Tha e a' leigheas thinneasan, tha e eòlach sa Bhìoball agus air an lagh, agus tha e a' teagasg." Ach cha robh e a' cumail gu teann ri lagh nan sgrìobhaichean 's nam Phairiseach - 's bha sin fada, fada na aghaidh, cho fada 's gu robh e a' dubhadh, nan sealladh-san, maith sam bith a bha e a' dèanamh.

Seo agad far a bheil cnag na cùise. Cha robh a h-uile duine ga chàineadh mar a bheireadh Phairisich agus sagartan an latha a chreidsinn ort. Ach dà rud a tha cinnteach - is iadsan a bha ann an dreuchdan poblach agus is iadsan bu mhotha agus a b' àirde a bha ag èigheach. 'S dòcha nach ann gun reusan nach togadh an sluagh guth nan aghaidh. Cuiribh na ceistean sin ruibh fhèin mun chreideamh Chriosdail ann an suidheachadh an latha 'n-diugh, agus dè am freagairt gus an tig sibh?

Thuirt Criosd: "Is beannaichte bhitheas sibh an uair a bheir daoine ana-cainnt dhuibh agus a ni iad geur-leanmhainn oirbh agus a labhras iad gach uile dhroch fhacal ruibh gu breugach air mo sgàth-sa. Dèanaibh gàirdeachas 's bithibh subhach oir is mòr ur duais air nèamh." Gu cinnteach cha robh 's chan eil Criosd "leam-leat".

Salm CXXX, 7:

Bitheadh dòchas Israeil an Dia
Oir tha a thròcair mòr;
'S ann aig an Tighearna gu beachd
Tha fuasgladh pailt gu leòr.

54. Seasmhach air a thairgse, agus air fhacal

Bha rup uaireigin ann am fear dhe na h-eileanan, far an robhas a' reic uile uidheam agus stoc na cruite. Nan luib bha làir òg a bha air a cleachdadh sa chairt agus ri treabhadh agus bha duine no dithis am beachd tairgse chur innte. Latha an ruip bha cruitear ann a bha gu math feumach air beathach òg agus thug e leis na bha a-staigh de dh'airgead ged a bha e an dùil nach bitheadh an làir cho daor sin. An àm creic na làradh bha feadhainn ga sìor dhaoradh, gus mu dheireadh cha robh ann ach dithis aca, agus ged a thairg an cruitear a h-uile sgillinn a bh' aige chaidh an duin' eile os a chionn. Bha e tàmailteach ach dè b' urrainn dha a dhèanamh?

Tràth sa mhadainn làrna-mhàireach cò thàinig chun an taighe ach Fear-creic agus Clèireach an ruip? Dh'innis iad dha nach robh sgillinn aig an fhear a bha a' daoradh na làradh air, agus am biodh e cho math 's gun toireadh e tairgse dhaibh. "Seasaidh mise", ars esan, "air an tairgse mu dheireadh a chuir mi innte." Bha e seasmhach air a thairgse agus air fhacal.

Nach eil seo a' dùsgadh smuain nar n-inntinn air cosamhlachd a dh'innis Criosd, mar a tha i againn ann an Soisgeul Mhata (21, 33), mun fhear a phlanndaich am fion-lios, a dh'uidheamaich e, agus a leig a-mach gu tuath e? Aig àm an toraidh chuir e seirbhisich a dh'fhaotainn na bha dligheach dha ... ach dè thachair? Dhochainn iad fear, mharbh iad fear, agus chlach iad fear eile. Chuir e seirbhisich eile, agus rinn iad orrasan mar an ceudna. Mu dheireadh chuir e a mhac fhèin dan ionnsaigh ag ràdh: "Bheir iad urram do mo mhac." Nuair a chunnaic an tuath am mac a' tighinn chunnaic iad cothrom air an oighreachd fhaighinn dhaibh fhèin. Rug iad airsan agus mharbh iad e.

Tha Dia air a bhith a' strì ri daoine o thoiseach an t-saoghail, a' cur sheirbhiseach gan ionnsaigh - mar gum b'eadh a' cur tairgse an dèidh tairgse mun coinneamh - agus tha sin a' tachairt an-diugh mar a bh' ann o shean agus is e ar teisteanas nach do dh'atharraich an dòigh a th' againn air dèiligeadh riutha. 'S dòcha nach eil sinn gam mort no gan clachadh, ach tha sinn a' dèanamh dearmad air an Fhacal, agus tha sin nas miosa, a chionn nach tuirt Eòin na Shoisgeul: "Bha am facal maille ri Dia, agus b'e am facal Dia"? Tha sinne a' diùltadh Chriosd, am Facal beò nar measg.

Seall mar a bha saidhbhreas as gach seòrsa ga thairgsinn do Chriosd sa cheathramh caibideil de Shoisgeul Mhata - saidhbhreas nach b' urrainn Sàtan a thoirt dha - ach cha do chum sin Sàtan gun tairgse a dhèanamh, agus tha e air innse dhuinn mar a cheartaich Criosd e. Bha fear-creic na làradh air a mhealladh leis an tairgse mhòir.

Thuirt Pòl na chiad litir chum nan Corintianach (6,20): "Cheannaicheadh le luach sibh, uime sin thugaibh glòir do Dhia le ur corp agus le ur spiorad."

Ann an Laoidh XLVIII tha an rann:

An Tì thug aon mhac air ar son
Mar chobhartach don bhàs
Nach toir gach tiodhlac eile dhuinn
'S an ceil E oirnn a ghràs?

55. Stiùireadh do na h-uile air an t-slighe cheart

Bhruidhinn mi roimhe seo air an turas chunnartach a bh'aig an *Loch Seaforth* air an aiseag a' dol a Steòrnabhagh. Thog an naidheachd seo smuain eile, 's e sin - chan ann an Gàidhlig, no 'm Beurla, no 'n Greugais a chuir iad fios chun a' bhàta eile ach ann an "cànain na mara". Tha comharran ann a thuigeas seòladairean rìoghachdan an t-saoghail air fad, mar eisimpleir an litir "U", a tha a' ciallachadh "Tha thu gad chur fhèin ann an cunnart". Tha comharran eile ann airson gach suidheachaidh a thachras ri maraichean.

Màiri a' toirt seachad "Cuach Ailein MhicLeòid" – duais seinn nan salm – do Mhairead NicIlleathain à Sgìre Sholais

Tha mise a' smaointinn gu bheil sin coltach ri mar tha fiosrachadh Chriosd a' ruigheachd air gach duine - Iùdhach agus Cinneach. Bhon is e spiorad Dia tha E a' bruidhinn ruinne tro ar spiorad, agus is ann tro ar spiorad a ni sinn adhradh dha. Chan eil nar briathran beòil ach dòigh air an tuig sinn càch a chèile. 'S dòcha gu nochd iad iarrtas ar cridhe, 's dòcha nach nochd. Ach is ann tro ar spiorad a bhitheas co-chomunn againn ri Dia, agus tha E tron Bhìoball ag iarraidh oirnn a theagasg a ghabhail thugainn fhìn. Chan e ionnsachadh air bàrr ar teangaidh, ach gabhail ris gu doimhneachd ar cridhe.

Nach eil sin a' nochdadh cho furasda 's a dh'fhaodas sinn a bhith air ar mealladh le briathran beòil a chionn 's nach fhaic sinn dè tha air an taobh a-staigh? Seall cho brèagha, gealltanach 's a bha feadhainn dhe na h-Iùdhaich ri Criosd - ach cha do ghabh E riutha, 's thuirt E ri a dheisciobail 's iad ga cheasnachadh: "Bha an cridhe fada bhuam."

Chì sinn an-diugh, mar a bh' ann o shean, rìoghachdan agus daoine a' cur an cruth fhèin air teagasg Chriosd. Tha Pòl sa chiad chaibideil dhen Chiad Litir chun nan Corintianach a' sgrìobhadh, "gun abair gach aon agaibh 'Is le Pòl mise; is le Apollos mise; agus is le Cèphas mise; agus is le Criosd mise'. A bheil Criosd air a roinn?" tha e a' faighneachd, "an e Pòl a chaidh a cheusadh air bhur son? an ann an ainm Phòil a chaidh ur baisteadh?" San treas caibideil dhen aon litir tha e air innse: "Is aithne don Tighearna smuaintean nan daoine glice, gur diomhanas iad. Uime sin, na dèanadh neach air bith uaill a daoine."

Tha Eòin Baistidh ag ràdh: "An Tì a thig a-nuas tha e os cionn nan uile. An tì a tha air talamh tha e talmhaidh agus labhraidh e air mhodh talmhaidh. An Tì a thig o nèamh tha E os cionn nan uile."

Cha bhi Criosd air a chuingealachadh le duine no le eaglais no le rìoghachd. Cha bhuin Esan do dhuine sam bith ach buinidh gach neach a ghairmeas air Dhàsan, biodh e na Ghàidheal, na Ghall, na Ghreugach, no eile. Ma dh'fhosglas sinn ar cridhe gu ceart agus gun cluinn sinn guth Chriosd a' tighinn thugainn tarsainn cuantan dorcha na beatha agus sinn "fo dhìobhail misnich sìos", gu bheil sinn a' dèanamh air cladach cunnartach, nach bu chòir dhuinn freagairt gu sìmplidh iomchaidh: "Tha mi ag iarraidh stiùireadh"? Agus nach bu chòir dhuinn gabhail ris an stiùireadh "Lean mise"? Bu chòir gu dearbh ... 's bidh sinn an uair sin air an t-slighe cheart.

56. "Acair araon cinnteach agus daingeann"

Thàinig bàta a-staigh gu fasgadh ann an rag stoirm, agus chuir iad sios an acair. Bha am port a bha seo ainmeil mar dheagh acarsaid agus aon uair 's gu robh an acair sìos cha robh cùram orra. Rinn iad biadh agus chaidh iad dha na leapannan, oir bha iad sgìth. Neartaich a' ghaoth, agus shlaod am bàta an acair. Mar a thachair, 's ann air an tràghadh a thachair seo, agus an uair a dhùisg an sgioba bha am bàta cha mhòr tioram air tanalach gainmhich. Bha iad air an nàrachadh agus a' cur coire air a chèile nach do dh'fhuirich aon aca, no dithis, air an cois a' cumail faire. An uair a thàinig an lìonadh chaidh iad air bhog a-rithist, agus rinn iad cinnteach as an gnothach air an dàrna h-ionnsaigh.

Saoil nach eil sealladh againn air ar dòighean fhìn gu h-aimsireil, agus gu h-àraid gu spioradail, an uair a smaoinicheas sinn air a' bhàta agus air an sgioba seo? Gu spioradail, nach fhaod sinn a bhith a' smaoineachadh ma tha sinn air ar baisteadh agus a' comanachadh gu bheil sinn sàbhailte? Chan ann mar sin a tha. Tha Sàtan cho cùileach, carach, agus 's dòcha gur ann an uair as dòigheile a bhitheas tu a' faireachadh as dòcha e do leagail. Seall mar a thachair do dh'Àdhamh agus Eubha sa ghàradh, agus iad air an nàrachadh. Seall Daibhidh an uair a thug Nàtan an aghaidh air mu Uriah agus Batseba, agus a-rithist Daibhidh na sheann aois. Solamh cuideachd, mar a tha Ciad Leabhar nan Rìghrean ag innse dhuinn. Seall an duine beartach a thàinig gu Criosd. Bha a bheatha na h-eisimpleir a rèir an lagha agus an sealladh a' cho-chreutairean, ach mar a nochd Criosd 's ann na chaitheamh-beatha fhèin a bha ùidh 's chan ann an Dia. Ged a bha iad sin uile eòlach air àitheantan Dhè is air teagasg a' Bhìobaill cha robh iad cho furachail cùramach 's a bu chòir dhaibh a bhith.

Bidh mise uaireannan a' faireachadh duilich air son Iùdas Iscariot. Duine ionnsaichte a bha còmhla ri Criosd agus ga leantainn mar dheisciobal. An uair a thuig e an rathad a bha Criosd a' dol, fhuair e briseadh-dùil cho mòr 's gun do bhrath e Criosd. Mar tha fios againn, bhuail an t-aithreachas e agus dh' fheuch e ri leasachadh a dhèanamh, ach chaidh e chun an dorais cheàrr. Canaidh tu: "An luidealach truagh 's na cothroman a bh' aige." Cha do chuir e a mhuinghin ann an Criosd. Bha e san acarsaid ach cha do chuir e riamh sios an acair. Bha e cho cinnteach na ghnothach fhèin 's nach do dhrùidh teagasg Chriosd air. Airson comhairle cha ruig sinn a leas a dhol nas fhaide na a' chiad salm - na daoine shealbhaicheas gu math 's iadsan

    "dham bheil toil do naomh reachd Dhè,
    ga smuaineach oidhche 's là".

Ma nì sinn sin, tha Pòl ag ràdh gun treòraich E sinn "gu grèim a dhèanamh air an dòchas a chuireadh romhainn. Nì a tha againn mar acair araon cinnteach agus daingeann".

57. Ionnsachadh tìmeil agus spioradail làmh air làimh

Ann an Colaisde àraidh ann an Glaschu bha oileanaich cruinn aig deireadh nan cùrsaichean aca airson an duaisean fhaighinn bhon cheannard. San òraid a rinn e mhol e na h-oileanaich airson an dìlseachd agus chriochnaich e ag ràdh: "Tha sibh air duaisean as gach seòrsa chosnadh dhuibh fhèin 's tha sibh a-nis a' smaointinn gu bheil sibh air an neo-ar-thaing, gur aithne dhuibh na bheil ri ionnsachadh; ach chan ann mar sin a tha. Tha sinne, an luchd-teagaisg, an dòchas gun tug sinn dhuibh de dh'fhiosrachadh na dh'ullaicheas sibh airson toiseach tòisichidh a dhèanamh." Thug seo a' ghaoth as na siùil aca, ach aig an aon àm chuir e nam faireachadh iad - cuid dhiubh, co-dhiù.

Is iomadh facal fìor a th' ann mu ionnsachadh, agus tha gach aon a' sùileachadh gur ann le ionnsachadh agus dìlseachd a tha cothroman mòra na beatha a' dùsgadh. Tha e cuideachd fìor gu bheil a' mhòr-chuid uallachail mu feum ceart a dhèanamh dhe na cothroman - ach tha cuid eile air a' chaochladh. 'S ann an uair a tha ionnsachadh tìmeil agus spioradail làmh air làimh, ann an caigeann mar gum b' eadh nar beatha, a tha mar a chanas sinn buannachd, brìgh agus ciall nar beatha.

Ann an dara leabhar na h-Eachdraidh, Caibideil 1. 10, tha Solamh ag iarraidh: "Thoir dhomh a-nis gliocas agus eòlas ... oir cò 's urrainn breith a thabhairt air do shluagh a tha cho mòr?" Dh'aithnich Solamh gu feumadh e an dà chuid ma bha e a' dol a dhèanamh a ghnothaich ceart - ma bha e gu bhith a' toirt breith chothromaich mar rìgh air sluagh Israeil. Chan urrainn dhuinn, a' bruidhinn air seo, a dhol seachad air facal eile, ann an Leabhar nan Gnàth-fhacal, Caibideil 1,7: "Is e eagal an Tighearna tùs an eòlais; air gliocas agus teagasg ni amadain tàire."

Saoil sibh nach robh beagan de bhrìgh na h-earrainn seo san òraid aig Ceannard na Colaisde? Co aige tha fios nach e an earrann seo a bha na bheachd ach gun do chuir e na fhaclan fhèin i? Co dhiù 's e gus nach e tha e a' sealltainn cho seasmhach 's a tha briathran a thug Dia seachad sna linntean a dh'fhalbh agus mar tha iad cho bunaiteach am beatha an latha 'n-diugh. An stiùireadh a thug Dia seachad dhan duine aig toiseach an t-saoghail tha e a' seasamh fhathast.

Ma thionndaidheas sinn chun an Tiomnaidh Nuaidh, tha Criosd ann an Soisgeul Mhata, Caibideil 5,17, ag ràdh: "Na measaibh gun tàinig mise a bhriseadh an lagh no nam fàidhean; chan ann a bhriseadh a thàinig mi ach a choilionadh." Saoilidh mise gu bheil na briathran seo a' toirt na gaoithe à siùil cuid de sgoilearan an latha 'n-diugh. Cia meud uair a tha e sgrìobhte sa Bhìoball, agus a' faighneachd dè as d' fhiach faclan dhaoine mura bheil barantas facal Dhè air an cùl, mar tha Salm XXXVII, 39 ga chur. Mar a thubhairt mi cheana, feumaidh an dà chuid ionnsachadh tìmeil agus spioradail a bhith làmh air làimh, neo cha bhi ar seanchas slàn 's cha bhi an duine slàn, 's cha bhi ar teisteanas slàn.

Tha rann 9 ann an Salm CXIX a' dol mar seo:

Ciod leis an glan an t-òganach
A shlighe fèin gu ceart?
Trìd faicill mhaith is furachais
Rèir d' fhocail is do reachd.

58. Cridhe, anam agus spiorad

Tha fios againn uile air dè an t-àm dhen bhliadhna a th' ann. Dè an ràithe a th' ann? Dè am mios a th' ann? An t-Earrach! An Giblean!

An do smaoinich sibh riamh dè tha seo a' ciallachadh? Nach e seo àm fàis? Tha craobhan agus lusan a' cur a-mach dhuilleagan agus tha dìtheanan rim faicinn cuideachd. Smaoinich air na craobhan mòra agus mar tha na duilleagan a' fàs air na geugan as àirde. Nis, feumaidh gu robh sùgh, no biadh, a' dìreadh bhon fhreumhach suas am broinn na craoibhe chun nan geugan àrda sin san dubh Gheamhradh an uair a bha an t-sìde dona le reodhadh, sneachda, gaoth is uisge.

Astar mòr aige ri dhol agus cha dìrich an sùgh ach gu math socair. Chan eil sinne a' faicinn dad a' tachairt agus chan eil fios againn co-dhiù tha a' chraobh beò no marbh, gus an tig an t-Earrach. Ach nach eil e iongantach? Bha a' chraobh beò na broinn gun fhios dhuinne. Canaidh sinn gu robh cridhe math innte. Ged a bha sinne a' smaointinn gu robh i na cadal, 's i nach robh! Bha i a' dèanamh deiseil airson bliadhna ùir - bliadhna eile.

Bheil fios agaibhse agus agamsa gu bheil sinne, ann an dòigh - ann an seagh - coltach ris a' chraoibh - coltach ri lus? Bidh sinn a' smaointinn air rudan air nach eil fios aig duine ach againn fhìn. Ach tha sinne nas fheàrr dheth na craobhan - a bharrachd air cridhe tha anam agus spiorad annainn, agus tha sin a' toirt dhuinn cothrom air smaointinn agus air tuigsinn agus air rudan a dhèanamh nach urrainn do lus no do chreutair eile a dhèanamh. Sin na cothroman a thug Dia do dh'Àdhamh agus Eubha an uair a chruthaich e iad agus an saoghal, agus a tha againne an-diugh. Thug e dhuinn tuigse air dè tha math agus dè tha dona. Tha tuigse againn air an eadar-dhealachadh a tha eadar nighean no gille (seadh, agus boireannach no fireannach) a bhith còir, coibhneil agus an fheadhainn a tha greannach, crosda.

Nis, bha fios aig Dia cho doirbh 's a bha e do dhaoine - agus do dhaoine òga - a bhith ceart nan dòigh fad na h-ùine, agus airson ar cuideachadh thug E dhuinn stiùireadh, agus tha an stiùireadh seo, a bha air a sgrìobhadh le fàidhean o shean, againn an-diugh ann an aon leabhar - am Bìoball. Tha cothrom againn an leabhar seo a leughadh no gun a leughadh idir, ach ma leughas sinn e gheibh sinn a-mach gun cuidich Dia sinn, chan ann an-dràsda 's a-rithist ach aig a h-uile àm.

An searmonaiche mòr Albannach, Dr. Livingstone, aig an robh cliù mòr air feadh an t-saoghail airson obair ann an Afraga, bha dealbh aige os cionn a leapa, agus sgrìobhte oirre bha na faclan seo as a' Bhìoball, à Soisgeul Mhata: "Feuch, tha mise maille ruibh a ghnàth, gu deireadh an t-saoghail." Sin an gealladh a thug Criosd seachad, agus a chum cridhe, anam agus spiorad ris. Nach eil e math gu bheil an gealladh againne cuideachd agus gun cum e cridhe, anam agus spiorad ruinne cuideachd?

Facal beag sa cho-dhunadh - ma chuireas sinn ar taic ann an teagasg a' Bhìobaill chan urrainn dhuinn a chumail am falach.

(Òraid do sgoilearan Sgoil a' Mheadhain ann an Inbhir Nis, 22.4.94)

Ailean agus Màiri, 's iad 40 bliadhna pòsda

59. A' leantainn ar bràthar as sine

Bho chionn ghoirid chuala mi màthraichean a' bruidhinn mu dheidhinn an cuid chloinne. 'S e brìgh an seanchais cho cunnartach 's a bha sràidean nam bailtean an-diugh, agus nach b'urrainn dhut clann òg a leigeil as do shealladh. Bha seo, bha iad ag ràdh, gu math cudthromach an uair a bha a' chlann a' tighinn dachaigh as an sgoil, agus gu feumadh iad a bhith gan coinneachadh aig geata na sgoile. Thuirt tè dhe na mnathan gu robh sin ceart, ach gu robh an gille bu shine aicese a-nis air tighinn gu aois agus gu robh e a' coimhead as dèidh chàich; agus bha càch air an deagh chomhairleachadh cumail còmhla air eagal 's gun èireadh dad dhaibh. Cha robh an t-uallach cho mòr a-nis, bha i ag ràdh, ach na dhèidh sin cha b' urrainn dhi an uair a thigeadh an t-àm gun a bhith a' cumail sùil gus am faiceadh i a' tighinn iad.

Bhuail e nam inntinn nach robh seo ao-coltach ri ar turas fhìn. An uair a tha sinn òg, maoth - 's dòcha nach ann am bliadhnaichean ach ann an eòlas air Criosd - tha sinn cho furasda ar toirt an dara taobh. Chan eil e cho furasda uaireannan cumail air an t-slighe. Seall mar a thachair do Chloinn Israeil air an rathad as an Èiphit gu Tìr a' Gheallaidh. A dh'aindeoin gun tug Dia tre Mhaois iad tarsainn chnapan-starra, agus bha iad taingeil air a shon, chaidh iad iomrall anns an fhàsach fad dà fhichead bliadhna, ach cha do leig Dia as a shealladh iad. Tha Iosua a' cur seo an cuimhne Chlann Israeil (24,17): "Oir an Tighearna ar Dia, is esan a thug a-nios sinne agus ar n-aithrichean a tìr na h-Èiphit, a taigh na daorsa, agus a rinn na comharraidhean mòra sin nar sealladh agus a ghlèidh sinn anns gach uile shlighe air an d' imich sinn, agus am measg nan uile slògh tròd an deachaidh sinn."

Ach cha robh an trioblaidean seachad ged a ràinig iad Tìr a' Gheallaidh. Tha Isaiah ag innse mar a dh'fhaodadh smuaintean, fo bhuaidh Shàtain, tighinn thugainn. "Claonaibh air falbh on t-slighe", tha an guth seo ag ràdh, "rachaibh a leth-thaobh on rathad dhìreach: cuiribh air falbh

uainn Tì naomh Israeil." Bha an rabhadh seo do dhaoine a
bha aig ìre, agus gan cur nam faireachadh mun cheangal
a dh'fheumadh a bhith aca ri Dia.

Dè an t-eadar-dhealachadh a tha eadar sinne agus na
daoine o shean, no eadar sinn fhìn agus a' chlann air an robh
mi a' bruidhinn? Nach biodh e math nan leanamaid a'
chomhairle a thug a' bhean ud da cloinn, agus 's e sin ar
bràthair as sine, Iosa Criosd, a leantainn? 'S aithne dhàsan
an rathad dhachaigh agus mar as còir na cunnartan a th' air
an rathad a sheachnadh. Esan a thuirt, am briathran làidir,
cinnteach: "Is mise an t-slighe, an fhìrinn agus a' bheatha."

A' bheatha, 'n fhìrinn is an ròd
A threòraicheas gu nèamh
Is mise sin, 's na leanas mi
Gu sonas bheir mi iad.

60. "... agus seòlaidh Esan do cheuman"

Bho chionn beagan bhliadhnaichean air ais bha mi air cheann-turais air taobh an iar na Gàidhealtachd. Bha mi a' fuireach ann am baile-puirt an taigh-òsda faisg air a' chidhe. An dàrna latha a bha mi ann thug mi an aire cho an-fhoiseil 's a bha ceathrar fhear a bha a' fuireach san taigh-òsda. Chuir seo de dh'iongnadh orm agus gun tug mi iomradh air ri fear an taighe. Dh'innis esan dhomh gur e muinntir ola a bh' ann agus gu robh iad a' gabhail fadachd de bhàta-ola anns an robh còrr is ceithir fichead mìle tunna agus gu robh i air dheireadh air sgàth droch shìde.

Chuir seo fo smaointinn mi, agus ar leam gu robh seo coltach no mar shamhla ri ar turas fhìn air an t-saoghal. Bha am bàta mòr seo air a luasgan, air a bacail agus air a leth-bhàthadh le fairge. Nach tric a tha sinne air ar bacail agus air ar luasgan gu ìre toirt suas le eagal agus cion misneachd!

Ach tha fuasgladh ann. Air a' bhàta bha sgiobair air an drochaid a bha faiceallach, furachail agus fo chùram, agus e mar gum b'eadh ga h-altraim tron fhairge a chionn 's nach robh dad air aire ach gu ruigeadh iad an ceann-uidhe gu sàbhailte.

Tha ar beatha rud-eigin mar sin. Cò tha air drochaid do bheatha? Tha Iosa Criosd, a h-uile madainn a dhùisgeas sinn, a' tairgsinn ar gabhail os làimh, ar stiùireadh agus ar gleidheadh - ma leigeas sinn leis. Chan eil e gu diofar dè cho tric 's a dhiùlt sinn E gu seo, tha a thairgse a' seasamh. "An-diugh fhèin ma chluinneas tu mo ghuth", tha E ag ràdh. Ach rabhadh beag. Faodaidh sinn a dhol iomrall le deagh shìde cuideachd. Bha sgoilearan sàbaid an ceann-a-tuath na dùthcha air an rathad dhachaigh agus an latha ud 's ann air ùrnaigh a bha iad air a bhith a' bruidhinn. Cò thachair riutha ach gille air tè dhe na h-aibhnichean mòra san nàbachd a bha ainmeil airson bhradan. 'S e duine laghach, coibhneil a bh' ann, agus an uair a stad e a bhruidhinn riutha thòisich a' chlann bu mhotha air bruidhinn ris agus ga cheasnachadh mun iasgach. "O, chan eil e math idir", ars esan, "ach ciamar a bhitheadh, le grian theth air àirde nan

135

speur agus sinn gun bhoinne uisge bho chionn mios? Tha an abhainn eu-domhain agus tha an t-uisge cho blàth. Tha iad aig bun na h-aibhne, ach chan eil iad a' dìreadh." Thog fear dhe na gillean beaga a ghuth: "Dèanadh sibhse ùrnaigh ri Dia agus ma chì Esan iomchaidh thig an t-iasg a-nuas gun teagamh."

Le fèath no le fairge, matà, co ann as còir ar n-earbsa bhith? Cuir-sa do dhòchas ann an Dia. Tha deagh chomhairle aig an duine ghlic dhuinn anns na Gnàth-fhocail: "Earb anns an Tighearna le d' uile chridhe agus ri d' thuigse fèin na biodh do thaic. Ann ad uile shlighibh aidich E agus seòlaidh Esan do cheuman."